आध्यात्मिक मोती

जाग्रत जीवन के लिए

राजिन्दर सिंह

डायमंड बुक्स

मूल पुस्तक (अंग्रेजी में)

Spiritual Pearls for enlightened living

हिन्दी अनुवाद : आध्यात्मिक मोती

प्रकाशक : डायमंड पॉकेट बुक्स (प्रा.) लि.
X-30 ओखला इंडस्ट्रियल एरिया, फेज-II
नई दिल्ली-110020
फोन : 011-40712200
ई-मेल : sales@dpb.in
वेबसाइट : www.diamondbook.in

मुद्रक : रेप्रो (इंडिया)

समर्पण

यह पुस्तक मेरे
आध्यात्मिक मार्गदर्शकों,
संत कृपाल सिंह जी महाराज
और
संत दर्शन सिंह जी महाराज
को समर्पित है
जिन्होंने संसार को
रूहानी रोशनी दिखाई

परिचय

तकनीकी प्रगति के इस तीव्र गति युग में, लगता था कि जीवन आसान हो जाएगा, पर अनेक लोग दैनिक जीवन के तनावों से अत्यधिक परेशान हैं। उनके पास तनाव मुक्त होने के लिए या अपनी समस्याओं का समाधान खोजने के लिए समय मुश्किल से बचता है। आधुनिक पाठक की अवस्था को सहानुभूतिपूर्वक समझकर, संत राजिन्दर सिंह जी महाराज ने हमें यह बहुमूल्य पुस्तक दी है। आसानी से पढ़े जाने वाले इस पुस्तक के रत्नों में अपने युग की विषमताओं का सामना करने के लिए हमें एक नया दृष्टिकोण दिया गया है जिससे आध्यात्मिक आयामों के प्रति हमारी समझ भी बेहतर होती है।

विश्वविद्यालय स्तर पर, शान्ति पाठ्यक्रम का एक अध्यापक होने के नाते, मैं इस पुस्तक को देखकर ताज़ा हो उठा हूँ, जिसने पाठक को संसार भर के पुराने और वर्तमान काल में आए विवेकवान लोगों के अनुभवों को एक जगह पढ़ने का अवसर प्रदान किया है। एक पाठ्यक्रम जिसे पढ़ाने में मैं सर्वाधिक खुशी महसूस करता हूँ, वह है, "संसार के धर्मों और संस्कृतियों की विवेकपूर्ण परम्पराएँ।" इसमें हम इन्सानी अनुभवों की समृद्ध विविधता को खोजते हैं, ताकि इन्सानी एकता को स्थापित करने के लिए सर्वनिष्ठ कड़ी को ढूँढ सकें। संत राजिन्दर सिंह जी की यह पुस्तक हमारे पाठ्यक्रम के साहित्य में एक सुखद संकलन होगी। मैं यह कहना चाहूँगा कि इस पुस्तक में उद्धरित शिक्षा को न सिर्फ विश्वविद्यालय स्तर पर दिया जाए, बल्कि इसे हर उम्र के उन सभी व्यक्तियों को दिया जाए जो इस 'संसार के विश्वविद्यालय' में प्रवेश पाएँ, यानी यह शिक्षा विश्व के हर प्राणी को उपलब्ध हो। संत राजिन्दर सिंह जी विभिन्न धर्मों और संस्कृतियों के जाग्रत पुरुषों की शिक्षाओं के अपने ब्रहत् ज्ञान के द्वारा, शाश्वत आध्यात्मिक सत्यों को हमारे दिलों तक पहुँचाते हैं।

मैं विशेष रूप से उस तरीके की कदर करता हूँ जिसके द्वारा उन्होंने, प्रेरणादायी सत्यों को बताने के लिए अलग-अलग संस्कृति और समय के दार्शनिकों, अध्यापकों, संतों, राजाओं और आम लोगों की शिक्षाप्रद कहानियों को शामिल किया है ताकि हम सभी अपने अंतर में मौजूद आध्यात्मिक खजानों के स्रोत से जुड़

सकें। इसमें भगवान बुद्ध, लियोनार्दो दा विन्सी, मौलाना रूमी, थॉमस एडीसन, मदर टेरेसा और अनेक दूसरे लोगों से जुड़े किस्से हैं। एक स्वादिष्ट मिठाई के जैसे, हर कहानी का स्वाद लिया जा सकता है और उसे कुछ समय बाद तक याद रखा जा सकता है। हम सीखते हैं कि नम्रता और क्षमा करना सीखकर, किस प्रकार इन्सान के दुःख-दर्द और मूर्खता को बदला जा सकता है। 'कठिनाइयों का सामना करना' से लेकर 'जाग्रत जीवन' तक, बावन शिक्षाप्रद कहानियों में, किस्से और उनकी आधारभूत शिक्षाएँ, मानवीय अनुभव के विस्तृत चित्र से ली गई हैं और वे समझाती हैं कि कैसे हम

- कठिनाई का सामना शान्ति और स्थिरता से करें।
- क्रोध पर विजय पाकर, मन की शान्ति बनाए रखें।
- स्थायी खुशी पाएँ।
- सन्तोष, सहमति और 'छोड़ना' सीखें।
- अपने, लक्ष्यों, दुनियावी और आध्यात्मिक, दोनों में सफल हों।
- मृत्यु के भय पर विजय पाएँ।
- इस भौतिक संसार से परे, आन्तरिक रूहानी मण्डलों के सौन्दर्य और आनन्द का अनुभव पाएँ।

जैसे एक संगीतज्ञ संगीत का और एक कवि कविता का सृजन करता है, वैसे ही सन्त राजिन्दर सिंह जी हर एक किस्सा बताते हैं ताकि हम उभार पाकर, जीवन को एक उच्चतर दृष्टिकोण से देख सकें। वे हमें प्रोत्साहित करते हैं कि हम अपने उच्चतर रूप को पहचानें और विवेक के द्वारा सोचे, समझें और कार्य करें। उनकी यह आशा कि इस पीड़ित संसार में हम शान्ति और प्रेम पा सकते हैं, संक्रामक है, एक से दूसरे तक फैलने वाली है।

हर एक कहानी, जो वे बताते हैं, में विवेक का एक मोती है जिसे दिल में बैठाना है तथा जीवन में ढालना है और वह हमें जाग्रत कर सकता है, हमारे जीवन में खुशियाँ भर सकता है। इस पुस्तक के साथ समय बिताकर हमें उन संतों महात्माओं के वचनों को पढ़ने का एक मौका मिलता है, जो सदियों से मानवता की सेवा के लिए आते रहें।

यह संग्रह संत राजिन्दर सिंह जी के विभिन्न सत्संगों से चुना गया है जोकि इन्होंने पिछले कई वर्षों में भारत और अमरीका के कुछ मुख्य ध्यानाभ्यास केन्द्रों पर किए थे। इन विवेकपूर्ण कहानियों और इनके आधारभूत संदेशों को इस

प्रकार पेश किया गया है कि उनमें हास्य, प्रेम, विवेक और आम सहज बुद्धि का सही मिश्रण हो। ये कहानियाँ लाखों लोगों को पिछले सतरह वर्षों से ध्यानाभ्यास और सदाचार के द्वारा आत्म विकास करने के लिए प्रेरित कर रही हैं।

ध्यानाभ्यास के लिए समर्पित जीवन के द्वारा, आध्यात्मिक परिपूर्णता पाकर, सन्त राजिन्दर सिंह जी हमें आध्यात्मिक अनुभव पाने के तरीके बताते हैं। विभिन्न विवेकपूर्ण परम्पराओं का हवाला देकर, वे एक जाग्रत जीवन की रूप रेखा खींचते हैं। मौजूदा पुस्तक, जिसमें सन्त राजिन्दर सिंह जी इस रहस्य से पर्दा उठाते हैं कि कैसे दुनिया के हर कोने में लोग प्रभु का निज अनुभव और शाश्वत खुशी पा सकते हैं, समय के साथ एक अलंकृत पुस्तक (classic) बन सकती है।

डॉ. आर्ट स्टाइन
प्रोफेसर, राजनीति-विज्ञान,
रोड आइलेण्ड विश्वविद्यालय,
संयुक्त राज्य अमरीका

अनुक्रमणिका

खुशी पाना

जीवन की नश्वरता

प्रभु की सर्वज्ञता, दया और संरक्षण

प्रभु-प्रेम

आध्यात्मिक ज्ञान पाना

आध्यात्मिक साधना

आध्यात्मिक ज्योति

स्वयं देखो

मन और आत्मा

वैराग्य

कर्म

आध्यात्मिक जीवन

प्रार्थना और ध्यानाभ्यास

धैर्य और क्षमा

जाग्रत जीवन

कठिनाइयों का सामना करना

1) दुःख-सुख में व्यवहार

सभी इन्सान जीवन में उतार-चढ़ाव का सामना करते हैं। ये मानव के अस्तित्व का अभिन्न अंग हैं और इनसे बचा नहीं जा सकता। प्रश्न यह है कि जीवन-पथ पर जब हम ऊँच-नीच का सामना करेंगे तो क्या हम मन की शान्ति खोकर, अस्थिर बनना चाहेंगे? अगर हम अपने आपको, ज़िन्दगी में घटने वाली हर घटना से प्रभावित होने देंगे, तो हमें लगेगा कि जैसे हम हर समय एक Roller Coaster की सवारी कर रहे हैं। हम आनन्द की ऊँचाइयों से घोर निराशा की गहराइयों में पहुँच जाएँगे और फिर अगले ही क्षण वापिस आनन्द की अवस्था में होंगे। इस लगातार बदलाव से अक्सर भय, तनाव और आतंक पैदा होता है क्योंकि हमें कभी यह पता नहीं होता कि आगे क्या होगा। समय के साथ, भय और तनाव की यह अवस्था हमारे स्वभाव का हिस्सा बन जाती है और हम शांत या तनाव रहित नहीं हो पाते।

क्योंकि जीवन के उतार-चढ़ावों पर हमारा कोई खास नियंत्रण नहीं होता है तो हम शान्ति और तनावरहित जीवन कैसे जिएँ? निम्नलिखित कहानी हमें कुछ इशारा देती है :

एक राजा ने अपने सभी चतुर मंत्रियों और सलाहकारों को एक साथ बुलाया और उनके सामने एक प्रश्न रखा, "दोस्तों! मैं चाहता हूँ कि मैं अन्दर से स्थिर रहूँ। मैं देखता हूँ कि ज़िन्दगी के उतार-चढ़ाव हर समय मेरा सन्तुलन बिगाड़ते रहते हैं। क्या तुम कोई ऐसी चीज़ बता सकते हो जिससे, जब मैं दुःख की अवस्था से गुजर रहा हूँ तो खुशी पा सकूँ और जब मैं आनन्द की अवस्था में होऊँ तो वह चीज़ मुझे दुःखों की याद दिलाती रहे? ऐसी चीज़ खोजो जो मैं अपने पास रख सकूँ ताकि मेरे चारो ओर कुछ भी घटता रहे, पर मैं शांत, स्थिर रह सकूँ।" सभी सलाहकार मिलकर बैठे और उन्होंने राजा की प्रार्थना पर लम्बे समय तक विचार-विमर्श किया। अंत में उन्हें एक ऊपाय सूझा। वे वापिस राजा के पास गए।

राजा ने देखा कि वे एक छोटा-सा बक्सा लेकर उसकी तरफ आ रहे हैं। सलाहकारों ने कहा, "महाराज! हमने आपके लिए एक हल ढूँढ लिया है। कृपया आप इस बक्से को खोलें।"

जब राजा ने उसे खोला, तो उसमें एक छोटी अँगूठी मिली।

उन्होंने राजा से कहा, “इस पर जो लिखा हुआ है,उसे पढो।”

अँगूठी पर लिखा हुआ था, “यह समय भी बीत जाएगा।” इन पाँच सादे लफ़्ज़ों से राजा को मदद मिली और इनसे हमें भी सन्तुलन बनाए रखने में मदद मिल सकती है, जब हम जीवन के उतार-चढ़ावों का सामना करेंगे। जब हम बहुत खुश हों, आनन्द में हों, यह याद रखने की जरूरत है कि चीज़ें हर समय ऐसी नहीं रहेंगी और जब खुशहाल वक्त गुज़र जाए तो हमें निराश या हतोत्साहित नहीं होना चाहिए। जब हम बहुत निराश या नाखुश हों, हमें ये पाँच सादे लफ़्ज़ याद दिला सकते हैं कि दर्द अस्थायी है और खुशहाली फिर से लौट आएगी।

ज़िन्दगी के तूफानों और खुशहाली के बीच में, एक शांत स्थान ढूँढकर हम एक सन्तुलित जहाज पर स्थिर रह सकते हैं। हम ध्यानाभ्यास और प्रार्थना के द्वारा इस शांत स्थान पर पहुँच सकते हैं। हमारे अन्तर में समस्त दैवी खजाने हैं। हम मात्र शरीर और मन नहीं हैं, बल्कि हम आत्मा हैं। आत्मा ज्योति, प्रेम और आनन्द से भरपूर है। कैसे? यह हर समय दैवत्व के स्रोत, प्रभु से जुड़ी रहती है जो कि सम्पूर्ण ज्योति, प्रेम और आनन्द है। सृजनात्मक शक्ति यानी प्रभु और आत्मा एक ही तत्व के बने हैं। अगर हम प्रतिदिन कुछ समय अन्तर, आत्मा की शान्ति में व्यतीत करें तो हम आनन्द के एक स्थान से जुड़ जाएँगे। तब हमारी ज़िन्दगी की बाहरी परिस्थितियाँ हमें प्रभावित नहीं करेंगी। हम ज़िन्दगी की अस्थायी अवस्थाओं से परेशान नहीं होंगे। हम एक स्थिर स्थान पर पहुँचना सीख सकते हैं, जो शान्ति और समन्वय से भरा हो, जो कि ज़िन्दगी की बाहरी ऊँच-नीच के बावजूद हमें शाश्वत खुशी प्रदान करेगा।

जब अगली बार हमें दुःख-दर्द हो तो हम याद रखें, “यह समय भी बीत जाएगा।” ये पाँच लफ्ज हमें तकलीफ में से, अधिक सहजता और विश्वास से गुजरने में मददगार हो सकते हैं। ये हमें याद दिलाएँगे कि हम अपने अन्तर में शान्ति के स्थिर स्थान को ध्यानाभ्यास द्वारा खोजें।

अगली बार जब हम बहुत खुश हों तो हम याद रखें कि ‘यह समय भी गुजर जाएगा’ ताकि हम उनका लुत्फ उठा सकें और क्षणों के बीत जाने पर हम उदास न हों। ये हमें याद दिलाएँगे कि चाहे यह खुशी खत्म होकर, मुसीबत के दिन आएँगे पर एक दिन खुशी फिर से लौट आएगी। ये हमें याद दिलाएँगे कि हम ध्यानाभ्यास के द्वारा अन्तर के शान्ति-स्थल की खोज करें क्योंकि वह हमें स्थायी खुशी प्रदान करेगा।

□□

2) ज़िन्दगी की चुनौतियों को झेलना

एक नवयुवक की कहानी है जिसने एक कॉलेज में प्रवेश पाया था। एक प्रकार से वह कॉलेज के अन्य छात्रों से अलग था। वह 'व्हील चेअर' के द्वारा कॉलेज में इधर-उधर जाता था। इस विकलांगता के वावजूद, लोग उसे पसंद करते थे। वह एक मैत्रिपूर्ण व्यक्ति था और स्वभाव से आशावादी था।

युवक ने कड़ी मेहनत की और अनेक शैक्षिक पुरस्कार प्राप्त किए। उसके सहपाठी उसका बहुत आदर करते थे। एक दिन एक सहपाठी ने उससे पूछा, "आप कैसे विकलांग हुए?" उस कॉलेज के छात्र ने कहा, "जब मैं नवजात शिशु था तो मुझे Cerebral Palsy (पक्षाघात) की बिमारी हो गई थी।" मित्र ने उससे पूछा, "तुम्हारा रहस्य क्या है? तुम इतनी बड़ी बदकिस्मती के साथ जीते हो पर फिर भी तुम संसार का मुकाबला मुसकराहट और आत्मविश्वास के साथ कैसे करते हो?" कॉलेज छात्र ने मुसकराकर जवाब दिया, "देखो, बीमारी कभी मेरे दिल और आत्मा को नहीं छू पाई।"

हम कितनी बार पाते हैं कि स्वयं हम या हमारे परिवारजन छोटी-छोटी तकलीफों के लिए शिकायत करते हैं। ज़िन्दगी भर हम किसी न किसी शारीरिक परेशानी का सामना करते हैं। बचपन में हमें बाल्यकाल की बीमारियाँ हो सकती हैं। पूरे साल हमें कई तकलीफें हो सकती हैं। जब हम भोजन ज्यादा खा लेते हैं तो हमें पेट-दर्द हो सकता है। हममें से अनेक लोग इन सभी की शिकायत करते हैं, इनके ऊपर किलसते रहते हैं। फिर भी, अगर हम चारों ओर नजर दौड़ाएँ तो हमें ऐसे अनेक लोग मिलेंगे जो बुरी तरह से विकलांग हैं, कोई अपने हाथ या पैर गँवा चुके हैं तो कुछ जानलेवा बीमारी से ग्रस्त हैं। इनमें से कुछ ऐसे इन्सान मिलेंगे जो अपनी तकलीफ के बावजूद, ज़िन्दगी को पूरी तरह से जीना सीख लेते हैं। कहानी के कॉलेज छात्र की भाँति, वे अपनी शारीरिक तकलीफों को, अपने दिल और आत्मा को नहीं छूने देते हैं।

हम रूह हैं। हमारा असली आपा हमारी आत्मा है, शरीर आत्मा पर मात्र एक आवरण है। अध्यात्म अपने असली रूप को अन्तर में पहचानने की प्रक्रिया है। प्रार्थना और ध्यानाभ्यास हमारी आत्मा को शरीर से अलग करने में मददगार होते हैं ताकि हम अपने असली रूप को जान सकें।

हममें से कइयों के पास कार होगी। कई बार कार खराब हो जाती है और मरम्मत के लिए 'वर्कशॉप' में चली जाती है। हमें कुछ समय के लिए दिक्कत महसूस हो सकती है; हमें टैक्सी करनी पड़ती है या किसी दोस्त या रिश्तेदार की मदद से सफर करना पड़ता है, पर हमें ऐसा नहीं लगता कि हमारी ज़िन्दगी खत्म हो गई है। हम समझते हैं कि कार मात्र एक वाहन है जिसके द्वारा हमारा शरीर इधर-उधर आ-जा सकता है। ऐसे ही, शरीर मात्र एक वाहन है हमारी आत्मा के लिए। कभी-कभी यह खराब हो सकता है पर इससे हमारी आत्मा को प्रभावित होने की जरूरत नहीं है। हम खुश रहना सीख सकते हैं। हम ज़िन्दगी को अच्छे से अच्छा बना सकते हैं, चाहे हमारा वाहन (भौतिक शरीर) ठीक हो या बीमार हो।

जीवन के किसी न किसी मोड़ पर, हमारा शरीर वृद्ध होने लगेगा। हालाँकि Genome Project वृद्धावस्था के gene को खोजने में लगा है और सम्भव है कि भविष्य में और अधिक लोग सौ वर्ष से भी अधिक की उम्र पाएँ, पर एक समय ऐसा आएगा जब हमारा शरीर इतनी तत्परता से काम नहीं कर पाएगा जितना कि युवावस्था में करता था। पर उससे हमें डरना नहीं चाहिए। अनेक व्यक्ति ऐसे हैं जो उम्र के साथ बिमारियों से ग्रस्त हो जाते हैं, पर उस कारण को हम आत्मिक शान्ति पाने में रुकावट न बनने दें।

ऐसे ही, हम अपने जीवन का सर्वोत्तम लाभ उठा सकते हैं चाहे हमें किसी भी प्रकार की शारीरिक विकलांगता हो। प्रभु के सम्पर्क में समय बिताकर और प्रभु-प्रेम की मदिरा पीकर, हम अपने से मिलने वाले सभी लोगों तक प्रेम पहुँचा सकते हैं। हम ऐसा कर सकते हैं, चाहे हमारी भौतिक अवस्था कुछ भी हो। अगर हम किसी बीमारी के कारण घर पर हैं, तो भी हम अपने परिवार के लोगों के जीवन में प्रेम भर सकते हैं, जो कि हमारी देखभाल करते हैं। आखिरकार,यह सिर्फ हमारा भौतिक आवरण है जो कि बीमार है; हमारी आत्मा सदा पूर्णतया स्वस्थ रहती है।

अगर हम कहानी के कॉलेज-छात्र के जैसे जिएँ, तो हम अपनी शारीरिक अस्वस्थता को अपने दिल और आत्मा को प्रभावित नहीं करने देंगे।

सकारात्मक और आशावादी मनोवृत्ति से हमें अपनी विकलांगताओं पर विजय पाने में मदद मिलेगी और हम अपनी और दूसरों की ज़िन्दगियों में खुशी ला सकेंगे।

□□

क्रोध पर नियंत्रण

3) क्रोध को प्रेम में बदलना

एक बार मदर टेरेसा से किसी ने पूछा, "क्या कभी आपको, भारत और संसार के दूसरे हिस्सों में, जहाँ आप कार्य करती हैं, अपने चारों ओर फैले सामाजिक अन्याय के अनेक उदाहरणों को देखकर क्रोध नहीं आता?" मदर टेरेसा ने बहुत सुन्दर उत्तर दिया, "मैं अपनी शक्ति को क्रोध में क्यों खर्च करूँ जबकि मैं इसे प्रेम में खर्च कर सकती हूँ?"

मदर टेरेसा की यह प्रतिक्रिया एक उच्च दृष्टिकोण दर्शाती है जो कि हम भी जीवन में अपना सकते हैं। प्रतिदिन, हम अनेक परिस्थितियाँ पाते हैं जिनसे क्रोध भड़क सकता है। कभी-कभी हम तब क्रोधित होते हैं जब कोई हमें चोट पहुँचाता है या हमें नाराज़ करता है। ऐसे भी उदाहरण हैं जिनमें दूसरों को चोट पहुँचते हुए देखकर हमें क्रोध आ जाता है। हमें सामाजिक अन्याय के मामले भी मिल सकते हैं जिनमें समाज में व्यक्तियों का एक समूह अन्याय सह रहा होता है। इन सभी मामलों में, हमें लग सकता है कि कुछ गलत हो रहा है। हो सकता है कि जो कुछ घट रहा है, उसे हम अनदेखा न कर पाएँ। फर्क इस बात में है कि हम अन्याय के प्रति किस प्रकार प्रतिक्रिया करते हैं। हम फैसला करने की क्षमता रखते हैं। हम क्रोध से प्रतिक्रिया कर सकते हैं या हम क्रोध को काबू कर, उसे प्रेम में बदल सकते हैं। मदर टेरेसा ने क्रोध को प्रेम से काबू करने का फैसला किया था।

संसार में क्रोध और हिंसा भरे पड़े हैं। हर गाँव और शहर में, हर घर में हम क्रोध का विस्फोट होते देखते हैं। इस क्रोध के बदले, और क्रोध करने से आग में घी डालने का ही काम होता है। हम आग पर पंखा करके आग को नहीं बुझा सकते हैं। हमें आग को (पानी से) बुझाना होगा। ऐसे ही, हम क्रोध की आग को, आग से नहीं शांत कर सकते हैं। हम क्रोध की आग को प्रेम से शांत कर सकते हैं। किसी झगड़े के दौरान, क्रोध भरी आवाज़ में बोलने के बजाय, हमें मिठास का मरहम लगाना चाहिए ताकि दूसरों का गुस्सा ठंडा पड़ जाए। वातावरण में क्रोध-भरे विचारों की तरंगों में बढ़ावा करने के बजाय, हम प्रेम-भरे विचारों को प्रसारित करें ताकि वातावरण साफ हो जाए।

क्रोध से प्रतिक्रिया करने में बहुत ऊर्जा खर्च होती है। ऐसी प्रतिक्रिया हमें क्षीण, शक्तिहीन कर देती है। पर अगर हम अपनी ऊर्जा प्रेममयी प्रतिक्रिया में लगाएँगे तो उससे न सिर्फ हम परिस्थिति में समन्वय ले आएँगे बल्कि हम स्वयं भी उस प्रेम से ऊर्जा पाएँगे। जब हम प्रेम से व्यवहार करते हैं, तो हम दरवाजे को खोलते हैं ताकि प्रभु-प्रेम हममें से प्रवाहित हो। हम प्रभु-प्रेम से ऊर्जा और उभार पाते हैं। अगली बार जब हम अपने आप को ऐसे माहौल में पाएँ जहाँ अन्याय हो रहा हो तो हम क्रोध की बजाय, प्रेम से प्रतिक्रिया करने की कोशिश करें। हम अपनी सकारात्मक प्रतिक्रिया का, उस माहौल पर और अपने आप पर, दोनों पर हुए असर को देख सकते हैं।

संसार में बहुत क्रोध विद्यमान है। आओ, हम संसार में समन्वय और शान्ति लाएँ। आओ, हम क्रोध को प्रेम से जीत लें। हम देखेंगे कि हमारा ऐसा कृत्य, एक तरंग के जैसे, औरों तक पहुँचेगा और वह दिन दूर नहीं होगा, जब हमारा वातावरण, हमारा समाज और हमारा समुदाय, इस संसार में शान्ति का आश्रय बन जाएगा।

□□

4) क्रोध के उपहार को स्वीकार न करना

एक बार एक ब्राह्मण ने भगवान बुद्ध को उसके घर आकर, भोजन करने का निमंत्रण दिया। जब वे वहाँ पहुँचे तो उन्होंने पाया कि ब्राह्मण ने उन्हें किसी अन्य मकसद से वहाँ बुलाया था। ब्राह्मण उनकी निन्दा करने लगा और उन्हें गालियाँ देने लगा। भगवान बुद्ध ने ब्राह्मण के वचनों के वार चुपचाप सुने। ऐसा कुछ देर तक चलता रहा।

अंत में बुद्ध ने कहा, "हे ब्राह्मण जी, क्या आपके घर में मेहमान आते रहते हैं?"

"हाँ, वे आते हैं," ब्राह्मण ने उत्तर दिया।

बुद्ध ने आगे पूछा, "जब मेहमान आते हैं तो आप उनके लिए क्या भोजन बनाते हैं?"

ब्राह्मण ने उत्तर दिया, "हम एक बड़े भोज की तैयारी करते हैं।"

बुद्ध ने पूछा, "अगर वे नहीं आते तो आप क्या करते हो?"

ब्राह्मण बोला, "हम स्वयं भोज का खाना खा लेते हैं।"

भगवान बुद्ध बोले, "अच्छा, तुमने मुझे भोजन पर बुलाया पर तुमने मेरा स्वागत कठोर वचनों और आलोचना से किया। लगता है कि जो भोज तुम मुझे परोसने वाले थे, वह गाली-गलौच का है। मैं तुम्हारे द्वारा परोसे भोजन को नहीं खाना चाहता हूँ। कृपा करके इसे वापिस ले लें और आप स्वयं इसे खाएँ।" यह कहकर भगवान बुद्ध ब्राह्मण के घर से चले गए।

भगवान बुद्ध ने यह महसूस किया कि जो भोज उन्हें दिया गया था, वह खाद्य पदार्थों का नहीं, बल्कि गालियों का था। उन्होंने वापिस मुड़कर ब्राह्मण का तिरस्कार करने और उसे गालियाँ देने के बजाय, उसके क्रोध को स्वीकार नहीं किया। बल्कि वे उस स्थान से चले गए। इस प्रकार, क्रोध उसी के साथ रहा जो उसे प्रकट कर रहा था।

भगवान बुद्ध के शिष्य, जो यह सब देख रहे थे, उनको बुद्ध ने सलाह दी, "कभी उस रूप में बदला नहीं लो, जिस रूप में सलूक आपके साथ किया गया हो। घृणा कभी घृणा से खत्म नहीं होती।"

ज़िन्दगी में कई बार हम ऐसे लोगों का सामना करते हैं जो हमें बुरा-भला

कहते हैं, गालियाँ निकालते हैं; हमारी निन्दा करते हैं। उनके स्तर पर उतरने की बजाय, हमें उनके इन उपहारों को स्वीकार नहीं करना चाहिए। तब उनका क्रोध कहीं और नहीं जा पाएगा, वह उनके साथ ही रहेगा। जब हम घटना स्थल से हट जाएँगे तो वे अपने आप को, अपने क्रोध के साथ अकेला पाएँगे। जल्द ही वे समझ जाएँगे कि उन्होंने क्या किया है। वे देखेंगे कि उनके ज़हर के सामने हम कितने शान्त रहे थे। कभी-कभी वे आश्चर्य चकित होंगे कि उनके क्रोध के बावजूद हम प्रेममयी बने रहे और वे हमें आदर देने के लिए हमारे पास आ सकते हैं।

जैसे दिन गुजरे और हमारा सामना ऐसे लोगों से हो जो हमारे प्रति क्रोध और आलोचना से भरे हों तो हम उनके वचनों को शान्ति से सुनें। पहले हमें यह देखना चाहिए कि उनके वचनों में क्या कोई सच्चाई है। अगर ऐसा है, तो हम उनके वचनों से कुछ सीखें और अपने आप को सुधारें। अगर उनके वचनों में कुछ भी सच्चाई नहीं है, तब हम उनके क्रोध के उपहार को स्वीकार नहीं करें। हम उनके स्तर पर उतर कर नहीं आएँ। ऐसा करके, हम अपना धैर्य बनाए रख पाएँगे। हम उनके प्रतिकूल वातावरण में शान्ति डालें। हमें क्रोध के उपहार को उनके पास छोड़ देना चाहिए और अपने शान्त, खुशहाल रास्ते पर चल देना चाहिए। इस प्रकार, हम अपना ध्यान अपने आध्यात्मिक लक्ष्य पर रख पाएँगे और अपने वातावरण में एक सकारात्मक प्रभाव छोड़ेंगे।

□□

5) क्रोध पर विजय पाना

हमारे मन की शान्ति के लिए सबसे बड़े खतरों में से एक है, क्रोध का रोग। अपनी नौकरी-पेशे में हम अक्सर अपने बॉस, अपने साथियों या अपने अधीन कर्मचारियों से नाखुश रहते हैं। मुश्किल से कोई दिन गुजरता होगा जब कार्यस्थल पर किसी इंसान या किसी बात से हमारे मन की शान्ति भंग नहीं होती। हम पाते हैं कि हमारे घर भी हमारी क्रोध भरी प्रतिक्रिया के लिए उपजाऊ भूमि हैं। कभी किसी ने बिल समय पर जमा नहीं किया तो कभी कोई अन्य हमारी पसन्दीदा मिठाई निगल गया; हमारे बच्चे बहस करके हमें सिरदर्द दे रहे हैं या हमारे पति या पत्नी ने हमारी ओर से कोई वायदा कर लिया पर हम उसे पूरा नहीं करना चाहते हैं। यह सूचि चलती जाती है। अपनी नौकरी-पेशे के स्थान से आना-जाना भी हमारे क्रोध को भड़काता है। ठीक-ठाक चलता हुआ ट्रैफिक बिना किसी कारण के अचानक रुक जाता है और हम पन्द्रह मिनट तक एक ही जगह बैठे रह जाते हैं। कोई हमें अपनी कतार (lane) नहीं बदलने देता और हमारा निर्गमद्वार (exit) निकाल जाता है। एक दूसरा ड्राइवर अचानक अपनी गाड़ी हमारी गाड़ी के आगे काट लेता है और हम दुर्घटना से बाल-बाल बचते हैं। जब तक हम अपने कार्य स्थल पर पहुँचते हैं, हम तनाव और क्रोध से भरे होते हैं।

ऐसा लगता है कि ज़िन्दगी दूसरी परिस्थिति के द्वारा, जो हमें हिला कर रख देती है, हम पर वार करने को तैयार रहती है। क्या इस क्रोध का कोई इलाज है? जैन परम्परा से एक शिक्षाप्रद कहानी है जो हमें समझाती है, कि क्रोध पर कैसे काबू पाया जाए।

एक समय चार राजकुमार थे : वासुदेव, बलदेव, सत्यक और दरुक। एक दिन उनके अड़ियल घोड़े उन्हें घने जंगल में ले गए। क्योंकि देर हो चुकी थी, राजकुमारों ने फैसला किया कि वे रात को जंगल में ठहरकर फिर वापिस जाएँगे। उन्होंने बरगद के एक बड़े पेड़ के नीचे आराम करने का फैसला किया। क्योंकि वह एक घना जंगल था, उन्होंने सोचा कि उन्हें बारी-बारी से पहरेदारी करनी चाहिए। यानी, जब तीन राजकुमार सोएँ तो चौथा खड़ा रहकर उनकी रखवाली करेगा। थोड़ी देर बाद पहरेदार आराम करेगा और कोई दूसरा राजकुमार पहरा देगा। पहला

राजकुमार, जिसने पहरा दिया, वह था दरुक। जबकि बाकी तीनों सोए हुए थे, क्रोध ने एक प्रेत का रूप धारण कर लिया और दरुक के पास आ गया।

क्रोध का प्रेत बोला, "मैं बहुत भूखा हूँ। मैं तुम्हारे सोए हुए तीनों साथियों को खाना चाहता हूँ।"

दरुक ने कहा, "ये नहीं हो सकता।"

उसने क्रोध के प्रेत से लड़ना शुरू कर दिया। घमासान युद्ध होने लगा। जब दरुक प्रेत को हरा नहीं पाया तो वह क्रोधित हो उठा। जैसे-जैसे दरुक का क्रोध बढ़ता गया, वैसे-वैसे क्रोध के प्रेत की शक्ति भी बढ़ती गई। इस नवीन शक्ति के साथ, क्रोध ने अंत में दरुक पर वार किया और उसकी टाँग को घायल कर दिया। दरुक धराशायी हो गया। क्रोध का प्रेत वहाँ से खिसक गया।

अब दूसरा राजकुमार, सत्यक जागा क्योंकि पहरा देने की अब उसकी बारी थी। क्योंकि अँधेरा था, उसे पता नहीं चला कि दरुक चोट से बेहोश होकर गिरा पड़ा है। जब सत्यक पहरे पर था, क्रोध का प्रेत उसके पास भी आया। दोनों के बीच वही वार्तालाप हुआ कि प्रेत सत्यक के साथियों को खाना चाहता है। सत्यक प्रेत से लड़ने लगा और क्योंकि वह प्रेत को हरा नहीं पाया तो उसका भी क्रोध बढ़ने लगा। इस क्रोध से प्रेत के अन्दर की आग भड़क उठी और उसकी ताकत बढ़ गई। उसने सत्यक की टाँग पर प्रहार किया और वह भी धराशायी हो गया।

जब तीसरे राजकुमार, बलदेव की पहरा देने की बारी आई तो उसे भी उसी परिस्थिति का सामना करना पड़ा। क्रोध के प्रेत को बलदेव के क्रोध से बल मिला और उसमें इतनी ताकत आ गई कि उसने बलदेव को भी घायल कर दिया। अंत में, पहरे के लिए वासुदेव की बारी आई। क्रोध के प्रेत ने वासुदेव के साथ भी वही खेल खेलने की कोशिश की। "मैं तुम्हारे साथियों को खाना चाहता हूँ", प्रेत ने कहा।

वासुदेव ने उत्तर दिया, "क्षमा करना, तुम ऐसा नहीं कर सकते, जब तक कि तुम मुझे हरा नहीं देते।" वे दोनों भी आपस में लड़ने लगे। क्रोध करने की बजाय, वासुदेव ने सिर्फ प्रेत की प्रशंसा की कि वह कितना बलवान, बहादुर और निपुण है। पूरी लड़ाई के दौरान, वासुदेव शान्त बना रहा। जितना-जितना वासुदेव शान्त होता गया, उतना ही प्रेत शक्तिहीन होता गया। अंत में, क्रोध का प्रेत वासुदेव के शान्त रहने से इतना कमजोर हो गया कि वासुदेव उसे हरा पाया; इस प्रकार वह बाकी तीनों राजकुमारों को बचा पाया।

जब सुबह हुई, वासुदेव अन्ततः देख पाया कि क्या हुआ था। उसके तीनों साथी टूटी हड्डियों के साथ वहाँ पड़े हुए थे।

जब उसने उन सबसे पूछा कि किसने उनके साथ ऐसा सुलूक किया तो उन्होंने बताया कि वह एक बुरा प्रेत था।

वासुदेव ने समझाया, "यह क्रोध का प्रेत था। इसकी शक्ति घटाने के लिए हमें सिर्फ शान्त रहना था।" उसने क्रोध के प्रेत की ओर इशारा किया जोकि जमीन पर मरा पड़ा था।

यही क्रोध पर विजय पाने का रहस्य है। जितना हम क्रोध से हारते जाते हैं, उतना ही हमारा क्रोध बढ़ता जाता है और यह हम पर विजय पा लेता है। हम ऐसे बिन्दु पर पहुँच जाते हैं जब हम पूरी तरह से नियंत्रण खो बैठते हैं और अंत में ऐसे काम करते हैं या ऐसे शब्द बोलते हैं जिससे दूसरों को और स्वयं हमें चोट पहुँचती है।

क्रोध पर विजय पाने के लिए, शान्त बने रहो, चाहे कुछ भी हो रहा हो। जब घर में, ऑफिस में या यातायात में कोई समस्या सामने आए, तो हमें क्रोध से प्रतिक्रिया नहीं करनी चाहिए। हम यह समझ सकते हैं कि समस्याएँ हैं और हम समस्याओं को सुलझाने के लिए कदम उठा सकते हैं। हम पहले से भी सतर्क हो सकते हैं और क्रोध दिलाने वाले स्रोत को, बातचीत द्वारा या उसका समाधान ढूँढकर, हटाने का प्रयास कर सकते हैं पर इस प्रक्रिया में क्रोध से बचने की कोशिश करनी है। क्रोध से समस्याएँ समाप्त नहीं होंगी। यह सिर्फ हमारे ब्लड प्रेशर को बढ़ाएगा; हमारे रक्त में तनाव जनित होर्मोन घूमने लगेंगे और हम अस्वस्थ महसूस करेंगे, तथा हमारा मन लगातार बेचैन रहेगा। क्रोध दूसरों को वह करने से नहीं रोक पाएगा जो वे कर रहे हैं। क्रोध सिर्फ हमें बीमार और बेअसर कर देगा। पर अगर हम शान्त रहें, तो हम अपनी सभी इंद्रियों को अपने बस में रखकर, समस्या का सामना कर सकते है और हम बेहतर और ज्यादा असरदार समाधान खोज सकते हैं। हममें समस्या का हल ढूँढने की शक्ति भी ज्यादा रहेगी।

क्रोध को काबू में करने के लिए हम क्या कदम उठाएँ? पहला, जब हमें लगे कि हमें गुस्सा चढ़ रहा है तो हम तुरन्त कुछ न कहें और कुछ न करें। बल्कि, हमें गहरा साँस लेना चाहिए और धीमे हो जाना चाहिए। तब हमें ध्यानाभ्यास में बैठ जाना चाहिए। हमें स्वयं को उस परिस्थिति से दूर कर लेना चाहिए और अकेले शान्ति से ध्यानाभ्यास में बैठ जाना चाहिए। अगर क्रोध भरे विचार बीच में आएँ

तो हमें अपने आप से पूछना चाहिए कि क्या हम क्रोध के प्रेत को और बलवान बनाना चाहते हैं। अगर हम उसे हराना चाहते हैं, तो कथा में वासुदेव के जैसे, हम अपने क्रोध के द्वारा, क्रोध के प्रेत का पोषण न करके ऐसा कर सकते हैं। हमें यह समझना चाहिए कि हम जितना अधिक देर तक चुप और शान्त रहेंगे, क्रोध को उतनी ही कम ऊर्जा मिलेगी और वह धीरे-धीरे गायब हो जाएगा।

आइए, हम अपनी शान्ति, संतुलन और समन्वय से क्रोध को नष्ट कर दें। हम पाएँगे कि चाहे वे परिस्थितियाँ, जो हमारे क्रोध को बढाती हैं, अब भी बनी रहती हैं, पर अब हम उनके गुलाम नहीं बनते। हम उनमें से शान्ति से निकल सकते हैं, अपने शरीर, मन और ऊर्जा का अधिक रचनात्मक उद्देश्यों में प्रयोग करके और तब, हम पहले से अधिक खुशी, आनन्द और शान्ति का अनुभव करेंगे।

□□

6) कोमलता की बल पर विजय

उत्तरी हवा और सूरज में एक बार बहस छिड़ गई कि कौन अधिक शक्तिशाली और प्रभावशाली है। उत्तर की हवा बोली कि वह अधिक बलवान है जबकि सूरज ने कहा कि वह अधिक बलवान है। दोनों एक प्रतियोगिता के लिए सहमत हो गए। उन्होंने कहा कि जो कोई भी एक इंसान का कोट उतरवा देगा, वह जीतेगा। तो उन्होंने एक ऐसे आदमी को चुना जो एक लम्बी पैदल यात्रा करके घर जा रहा था। पहले हवा की बारी थी। हवा बहुत जोर से चलने लगी और उसने कोशिश की कि वह इंसान के कोट को उड़ा ले जाए। वह और तेज चली, और तेज चली पर जितनी जोर से हवा चली, उतनी जोर से इंसान ने कोट को अपने चारों ओर लपेट लिया। हवा ने बहुत देर तक इंसान का कोट उतारने की कोशिश की पर उसे सफलता नहीं मिली। अब सूरज की बारी थी। उसने प्रेममयी गर्म किरणें इंसान की ओर भेजनी शुरू कर दीं। लगातार सूरज अपनी गरमाहट भेजता रहा। कुछ देर बाद इंसान गर्मी महसूस करने लगा। उसने कोट के बटन खोल दिए। सूरज उसके ऊपर चमकता रहा। अंत में, इंसान को अधिक गर्मी लगने लगी और उसने अपना कोट उतार दिया। मुस्कराते हुए सूरज ने हवा से कहा, "जैसे कि तुम देख सकती हो, मेरे प्रेममयी, गरम तरीके ने उसका कोट उतरवा लिया जबकि तुम्हारे बलशाली तरीके का उसने डटकर मुकाबला किया।"

यह पौराणिक कथा एक महत्त्वपूर्ण सन्देश देती है। प्रेम और कोमलता सदा बल प्रयोग के ऊपर जीत हासिल करते हैं। कुछ लोग समझते हैं कि जोर-जबरदस्ती, कठोरता से या मीन-मेख निकालकर वे दूसरों से सर्वोत्तम कार्य करवा सकते हैं। पर इस प्रकार के व्यवहार का कोई एक-आध ही जवाब देता है। हम समझते हैं कि दूसरों से कोई भी काम करवाने के लिए हमें उनके साथ कठोर या जोर-जबरदस्ती का व्यवहार करना होना है। पर, सच्चाई इसके उलट है। हम प्रेम और कोमलता की शक्ति का प्रयोग करके दूसरों को राज़ी कर सकते हैं। जब लोगों से कठोर शब्दों में या ऊँची आवाज में बोला जाता है तो वे निरुत्साहित हो जाते हैं। वे चुप हो जाते हैं और वहाँ से हट जाना चाहते हैं। पर जब लोगों से प्रेममयी और उत्साहवर्धक बातें की जाती हैं और उनसे मधुरता से बोला जाता है तो वे अधिक कोशिश करके, अतिरिक्त कार्य करना चाहते हैं।

जीवन में शहद (मिठास) डालने से संसार अधिक प्रेममय हो जाता है। प्रेम की गरमाहट डालने से चीजें अधिक आसान हो जाती हैं। अगर हम सूरज के जैसे बनें और दूसरों तक उत्साहवर्धक मधुर वचन और मुस्कराहट पहुँचाएँ, तो हम पाएँगे कि हम जो कुछ भी करेंगे, उसमें अधिक प्रभावी होंगे। जोर-जबदस्ती अधिक देर तक सफल नहीं होती।

यही बात हमारे ध्यानाभ्यास पर लागू होती है। जब हम नतीजों के लिए जोर लगाते हैं तो वे हमसे दूर, और दूर प्रतीत होते हैं। जब हम प्रेम और मिठास से ध्यान में बैठते हैं, तब नतीजे अपने आप मिल सकते हैं। हमें छीना-झपटी की आदत से बचना चाहिए। हमें ध्यानाभ्यास में, बिना कोई जोर लगाए, प्रेम से अपना काम करना चाहिए और तब प्रभु की दया धारा बह सकती है।

आओ हम सूर्य से एक पाठ सीखें। आओ हम दूसरों से प्रेम और विनम्रता का व्यवहार करें। आओ हम अपने ध्यानाभ्यास में भी प्रेममयी और विनम्र हों और फल के मिलने का इंतजार करें।

□□

अच्छे से अच्छा करो

7) सबको अपना सर्वोत्तम दो

बहुत समय पहले, संगीतज्ञों की एक टोली, एक शहर से दूसरे शहर जाकर और अपने संगीत का प्रदर्शन करके, अपनी आजीविका अर्जित करती थी। वह समय कठिन था और वे पर्याप्त धन नहीं कमा पा रहे थे। जो गरीब लोग उन्हें सुनने आते थे, वे वह छोटी सी फीस भी नहीं दे पा रहे थे, जो संगीत के लिए देनी होती थी। उपस्थिति लगातार कम हो रही थी और अंत में कुछ गिने-चुने लोग ही प्रदर्शन को सुनने के लिए आ रहे थे।

एक दिन टोली के लोग मिलकर सोचने लगे कि क्या किया जाए।

एक ने कहा, "मुझे इतने कम लोगों के आगे आज रात प्रदर्शन करने का कोई मतलब नहीं दिखाई देता।"

दूसरे ने देखा कि बर्फ गिरनी शुरू हो गई है और उसने कहा, "देखो! बर्फ गिर रही है; ऐसे में रात को कौन आएगा?"

तीसरे ने कहा, "हाँ, पिछली रात चन्द लोग ही थे। अगर आज रात ऐसे ही बर्फ पड़ती रही, तो और भी कम आएँगे। चलो, हम उनकी तुच्छ फीस वापिस करके शो को रद्द कर दें।"

पहले ने सहमति दिखाई और कहा, "तुम सही हो। कोई भी हमसे यह उम्मीद नहीं कर सकता कि चन्द एक श्रोताओं के सामने भी हम अपने वाद्य बजाएँगे।"

दूसरे ने कहा, "हाँ, कौन यह उम्मीद कर सकता है कि कोई मात्र दो-चार श्रोताओं के आगे अपना सर्वोत्तम प्रदर्शन करे?"

चौथा संगीतज्ञ चुपचाप बैठा हुआ, उस बातचीत को सुन रहा था। दूसरे संगीतज्ञ उसकी ओर मुड़े और उससे पूछा, "तुम्हारा क्या ख्याल है?"

उसने कहा, "मुझे पता है कि तुम निराश हो। मैं भी निराश हुआ हूँ। पर हमारी उन लोगों के प्रति एक जिम्मेदारी है, जो आते हैं। हम प्रदर्शन करते रहेंगे और अपनी हैसियत के अनुसार, हर समय अच्छे से अच्छा कार्य करेंगे। जो लोग आते हैं, यह उनका दोष नहीं है कि दूसरे लोग नहीं आते हैं। हमें खराब प्रदर्शन करके उन्हें सजा नहीं देनी चाहिए।"

दूसरे संगीतज्ञ उसके वचनों से प्रोत्साहित हो गए और उन्होंने उस रात कार्यक्रम जारी रखने का निश्चय किया। उस रात उन्होंने जीवन के सर्वोत्तम प्रदर्शनों में से एक किया।

जब 'शो' खत्म हो गया और सब लोग चले गए तो चौथे संगीतज्ञ ने अपने सभी साथियों को बुलाया और उन्हें एक पत्र पकड़ाया। उसने कहा, "एक दर्शक जाने से पहले हमारे लिए यह पत्र छोड़ गया है।" उसने पत्र खोला, उसमें लिखा था, "आज रात के आकर्षक प्रदर्शन के लिए धन्यवाद।" उस कागज पर हस्ताक्षर थे, "आपका राजा।"

यह कहानी कुछ महत्त्वपूर्ण बातें समझाती है। सर्वोत्तम प्रदर्शन करने का फैसला उस रात हुआ, जिस रात वहाँ के राजा ने अपनी उपस्थिति से उन्हें चकित कर दिया था। पर उन्होंने अच्छे से अच्छा करने का मन बना लिया था, चाहे कोई भी आए। यही वह दृष्टिकोण है जिसके द्वारा हमें हर कार्य करना चाहिए। यह दृष्टिकोण इस अनुभव पर आधारित है कि हम सभी के अन्दर बादशाह (प्रभु) है। हर कोई महत्त्वपूर्ण है। हम सभी के अन्दर आत्मा है और हम सभी परमात्मा के अंश हैं। जब हम इस दृष्टिकोण से कार्य करते हैं कि हर इंसान हमसे हमारा सर्वोत्तम पाने का अधिकारी है, तो हम हर एक में मौजूद प्रभु का आदर करते हैं।

कुछ लोग सिर्फ चुनिन्दा इंसानों को खुश करने के लिए मेहनत करते हैं। वे अपने बॉस को, अमीरों को या जिनसे उन्हें कुछ उपकार मिल सकता है, उनको अपना सर्वोत्तम दे सकते हैं। पर वे लोग महान हैं जो गरीबों के लिए या जिनके पास देने के लिए कुछ नहीं है, उनके लिए सर्वोत्तम करते हैं। वे लोग महान हैं जो सभी के साथ एक जैसा व्यवहार करते हैं।

एक और सन्देश है कि जब हम कुछ करते हैं और हमें लगता है कि उससे चन्द लोग ही फायदा उठा रहे हैं या गिने-चुने लोग ही उसकी तारीफ कर रहे हैं तो हम निराश न हों। यह कहा गया है कि अगर हम किसी एक की ज़िन्दगी में भी बदलाव ला सकते हैं तो हमारी ज़िन्दगी जीने लायक है। अगर हम कोई कोशिश करते हैं और आशातीत भीड़ इकट्ठी नहीं हो पाती है, फिर भी हम दूसरों की मदद तो करते हैं, चाहे एक-दो लोग ही आएँ। हम कभी यह न सोचें कि जो कुछ करने की हमने योजना बनाई थी, वह इसलिए करने लायक नहीं है क्योंकि कुछेक लोग ही पहुँचे हैं। हम उन लोगों की ज़िन्दगियों में एक बदलाव ला रहे हैं। अगर हम मेहनत करते हैं और चन्द लोग ही हमारे कार्यों से लाभ उठाते हैं, तो यह उन लोगों के महत्त्वपूर्ण है। हमें निराश होकर अपनी कोशिशों को छोड़ना नहीं

चाहिए। संगीतज्ञों ने चन्द लोगों के आगे कला-प्रदर्शन किया पर उनमें से एक बादशाह निकला।

जो कुछ भी हम करते हैं, उसे प्रभु देखता है। हम हमेशा अपना सर्वोत्तम करें। इनाम सेवा करने में है, सेवा के फल में नहीं है। अगर हम इस प्रकार से जिएँ, तो हम हर रात सोते समय संतुष्ट रहेंगे कि हमने अपना सर्वस्व दिया है। हमें अन्तर में उस आनन्द और प्रसन्नता का वरदान मिलेगा जो सबको अपना सर्वोत्तम देने से मिलता है।

□□

संतोष

8) इच्छा एवं संतोष

हम सब शान्ति चाहते हैं। कोई भी अशान्ति नहीं चाहता है। आओ, हम इस शिक्षाप्रद कथा को पढ़ें और देखें कि हम शान्ति के रास्ते के बारे में क्या सीखते हैं।

एक दिन, इच्छा और संतोष के बीच एक गरमा-गरम बहस छिड़ गई कि उनमें से कौन ज्यादा महान् है। यह बहस चलती गई, चलती गई; अन्त में उन्होंने एक चतुर व्यक्ति से सलाह लेने का फैसला किया, जैसा कि अक्सर कहानियों में होता है ताकि उनका झगड़ा खत्म हो सके।

वे पहाड़ी की चोटी पर चले गए, जहाँ पर कि पुरानी कहानियों के ज्यादातर चतुर इंसान रहा करते थे। चतुर व्यक्ति ने उनकी बहस को सुना और कहा, "यह सिद्ध करने के लिए कि तुममें से कौन सही है, मैं चाहता हूँ कि बारी-बारी से तुम जाकर एक खुशहाल और अमीर इंसान के साथ रहो। जब तुम दोनों उस इंसान के साथ रह लोगे, तो हम उससे फैसला करवाएँगे कि कौन ज्यादा महान है।"

इच्छा और संतोष ने सोचा कि झगड़ा हल करने का यह एक सही तरीका है। तो वे पहाड़ से नीचे गाँव में उतर आए ताकि एक खुशहाल अमीर व्यक्ति को ढूँढ सके जिसके साथ उन्हें रहना था। उन्होंने फैसला किया कि पहले 'इच्छा' को उसके साथ रहना चाहिए।

जैसे ही 'इच्छा' ने व्यक्ति के घर में रहना शुरू किया, उस खुशहाल अमीर व्यक्ति ने पाया कि उसका मन, जो सामान्यतः शान्त और तर्कसंगत है, गलत विचारों से भर गया है। एक दिन, अचानक व्यक्ति ने अपनी पत्नी से कहा, "चलो हम घर से निकलें और पूरे संसार में घूमें। मैं दूर-दूर स्थित अनेक रमणीय स्थानों को देखना चाहता हूँ।" पत्नी ने उसकी ओर ऐसे देखा जैसे कि वह पागल हो गया हो। अन्त में, बहुत मिन्नतों के बाद, उसकी पत्नी उसके साथ जाने के लिए तैयार हुई। व्यक्ति ने अपने बैंक से सारा पैसा निकाला और समुद्र से महँगी यात्रा करने के लिए और महँगे होटलों में ठहरने के लिए टिकट खरीदे।

पूरा यात्रा में पत्नी चिल्लाती रही, "तुम बहुत धन बर्बाद कर रहे हो।" पर उस इंसान में यह या वह स्थान देखने की या इस महँगी स्मारिका या उस महँगी निशानी को खरीदने की इच्छाएँ भरी पड़ी थीं।

जब वे यात्रा करके वापिस आए तो उस आदमी ने पाया कि वह पैसे से खाली हो चुका है। इसलिए उसे कई नए व्यापार शुरू करने पड़े ताकि पैसा वापिस आ सके। उसने पाया कि पैसे के लिए उसे दिन और रात काम करना पड़ रहा है। वह सारा खाली वक्त जो उसके पास रहता था, जब वह अमीर था, अब खत्म हो गया था और उसे बहुत लम्बे समय काम करना पड़ता था। इस कड़ी मेहनत का नतीजा था कि वह अपने प्रतिद्वंदियों से आगे नहीं रह पाया और आखिर में उसने ज्यादातर धन गँवा दिया।

एक दिन अपने नए मेहमान 'इच्छा' से तंग आकर, उसने उससे कहा, "तुम ही मेरी सारी मुसीबतों की जड़ हो। यहाँ से निकल जाओ। मैं अब तुम्हें आप-पास भी नहीं देखना चाहता।" 'इच्छा' को अपनी ज़िन्दगी खतरे में दिखी और वह वहाँ से निकलकर इंतजार करते 'संतोष' की ओर दौड़ पड़ी।

'संतोष' ने एक बड़ी मुस्कान के साथ कहा, "तुम्हारे लिए चीजें बहुत अच्छी नहीं चल रही हैं, क्यों?"

इच्छा बोली, "अगर तुम समझते हो कि तुम बहुत महान हो तो उस इंसान के साथ रहने की कोशिश करो। मैं नहीं समझती कि तुम कुछ बेहतर कर पाओगे क्योंकि वह गरम दिमाग का है।"

संतोष उस आदमी के घर में पहुँच गया और अपने आप को आराम में ले आया। जिस क्षण संतोष ने प्रवेश किया, आदमी ने चैन की गहरी साँस ली। अनायास ही, इंसान एक नई आशा और स्फूर्ति से भर गया। वह अपने काम पर शान्त अवस्था में गया। उसका हृदय खुशी से भर गया। उसकी पत्नी ने उसमें अचानक आए बदलाव को महसूस किया। वह वापिस वही खुशहाल व्यक्ति बन गया, जैसा वह 'इच्छा' से मिलने से पहले था।

इंसान संतोष की ओर मुड़ा और बोला, "तुम्हारा साथ मुझे बहुत प्रसन्न कर देता है। मैं आशा करता हूँ कि मैं तुमसे कभी अलग नहीं होऊँगा।

संतोष ने खिड़की से बाहर खड़ी 'इच्छा' को देखा और मुस्करा दिया, क्योंकि वह वाद-विवाद जीत गया था।

अगर हम किसी भी इच्छा के पूरे मार्ग पर ध्यान दें तो हम देखेंगे कि वह अक्सर हमें अनेक परेशानियों में पहुँचा देती है। वह तकलीफ छोटी या बड़ी हो सकती है पर वह हमारे मन की शान्ति भंग कर देती है। मान लो हमें कोई महँगी वस्तु खरीदनी हो। हमें उसके लिए या तो ज्यादा मेहनत करनी पड़ेगी, जिसके लिए हमें अपना खाली या आराम का समय छोड़ना होगा या फिर उसके लिए हमें अपनी कोई अन्य वस्तु छोड़नी पड़ेगी। हो सकता है, हमें एक नयी, और बड़ी कार खरीदने

के लिए अपनी पसन्दीदा पुरानी कार बेचनी पड़े। हो सकता है, अपनी एक इच्छा पूरी करने के लिए हमें अपने आप को किसी अन्य वस्तु से वंचित करना पड़े। कई लोग अपनी पसंदीदा वस्तु खरीदने के लिए इतने लालायित रहते हैं कि वे गलत तरीके भी अपना लेते हैं जैसे धोखा-धड़ी, अपने प्रियजनों से माँगना या चोरी करना।

हो सकता है, हम एक ऐसी चीज़ चाहें जो कि भौतिक न हो। हम दूसरों पर अपना प्रभाव चाह सकते हैं। यह भी एक विश्वासघाती रास्ता है। हमें अनेक दूसरे लोगों को धोखा देना होता है, उनसे झूठ बोलना होता है, उनकी उपेक्षा करनी होती है और चलाकी से प्रभावित करके, उनसे वह करवाना होता है, जो हम चाहते हैं। दूसरे लोग हमारे प्रति समझदार हो जाएँगे और प्रतिक्रिया स्वरूप, हमसे बच सकते हैं, हमें बदनाम कर सकते हैं या हम पर वार कर सकते हैं। ऐसे व्यक्ति की मुसीबतों का कोई अंत नहीं होता, जब वह हर एक को और हर वस्तु को अपने नियन्त्रण में करने की कोशिश करता है।

अगर हम प्रसिद्धि चाहते हैं तो हम अपने बारे में उन सभी को जोर-शोर से बताते हैं जो हमसे मिलते हैं और हमारा अहंकार बढ़ जाता है। देखो, कैसे कुछ लोग झूठ बोलते हैं, धोखा देते हैं, झूठे वायदे करते हैं ताकि लोगों को अपनी तरफ कर सकें। अभिनेताओं और अभिनेत्रियों को अपने बारे में बदनाम खबरों और लेखों को बरदाश्त करना पड़ता है ताकि उन्हें ख्याति मिल सके। जो प्रसिद्धि वे पाना चाहते हैं, वह अक्सर अपयश से भरी होती है।

मन की इच्छाओं का और उनसे पैदा होने वाली तकलीफों का कोई अन्त नहीं है। एक बार हम इच्छाओं की राह पर चल पड़ते हैं तो हम कहानी के अमीर व्यक्ति के जैसे हो जाते हैं। हम सोचने लगते हैं कि हमने शान्ति और सन्तोष के सुरक्षित स्थान को छोड़कर कठिनाइयों के रास्ते को क्यों पकड़ लिया। अन्त में हम इस शान्ति और संतोष के लिए लालायित होने लगते हैं जोकि इच्छाओं द्वारा भटका दिए जाने से पहले, हमारे पास थे।

अगर हम शान्ति और खुशी चाहते हैं, तो आओ, हम अपने मन की इच्छाओं के आगे घुटने टेकने से बचें। इसके बजाय, हम उस सन्तोष का स्वागत करें जोकि आत्मा की गहराइयों में हमारा अपना है।

जैसे हम ध्यानाभ्यास करें, दरवाजे पर लगातार खटखटाती इच्छाओं को हम अन्दर न आने दें। इसकी जगह, हम अपनी आत्मा के बगीचे में शान्ति और सन्तोष से बैठें, उन कठिनाइयों से दूर, जो इच्छाएँ अपने साथ लाती हैं।

□□

9) हम किस दौड़ में हैं?

लियो टॉलस्टॉय की लिखितों में से एक शिक्षाप्रद कहानी है। रूस में एक किसान था जिसके पास एक छोटा सा प्लॉट था। उसकी ज़िन्दगी बड़ी शान्ति एवं सन्तोष से कट रही थी पर एक दिन उसे अपनी पत्नी के भाई से ईर्ष्या हो गई जो कि एक अमीर जमींदार था। उसने देखा कि उसका साला नई-नई ज़मीन खरीद रहा था और उसे किराये पर देता जा रहा था। जैसे-जैसे वह अमीर होता गया, किसान में भी अमीर बनने की इच्छा और बलवती होती गई। उसने पैसे बचाने शुरू कर दिए ताकि कोई ज़मीन खरीद सके।

जब किसान के पास काफी पैसे जमा हो गए तो उसने खरीदने के लिए जमीन ढूँढनी शुरू कर दी। उसने सुना कि पास के इलाके में कोई सस्ती ज़मीन है। जब वह यात्रा करके ज़मीन देखने पहुँचा तो उसने पाया कि उस जगह रहने वाले लोग खानाबदोश थे।

उस इलाके के मुखिया के लिए किसान ने कुछ उपहार खरीदे। मुखिया ने उपहारों के लिए उसका धन्यवाद किया और कहा कि वह पैदल चलकर जितनी भी ज़मीन सूर्यास्त से पहले नाप लेगा, वह वो पूरी जमीन ले सकता है। समझौता यह हुआ कि किसान सुबह चलना शुरू करेगा और सूर्यास्त से पहले, जितना भी बड़ा ज़मीन का हिस्सा पैदल चलकर वह घेर लेगा, वह उसका हो जाएगा।

किसान इस बात की सम्भावना से फूला नहीं समाया कि वह जमीन के बहुत बड़े हिस्से का मालिक बन सकता है। समय-सीमा में बँधी इस दौड़ को देखने के लिए गाँव के लोग इकट्ठे हो गए। उसने बहुत तेज चाल से इसकी शुरूआत की ताकि वह ज्यादा ज़मीन नाप सके। जब सूर्य आसमान में चढ़ चुका था तो गर्मी बहुत तेज थी। पर किसान भोजन और पानी के लिए रुककर समय बर्बाद नहीं करना चाहता था ताकि वह थोड़ी और जमीन पाने का मौका न गँवा दे। उसने सोचा कि अगर वह ऐसे ही चलता रहा, तो उसे ज्यादा जमीन मिल जाएगी। किसान एक बड़े वृत्त में चलकर, बड़े से बड़ा क्षेत्रफल घेरने की कोशिश कर रहा था, जोकि अन्त में बहुत लम्बी दूरी बैठ गई।

वह इतना लालची हो गया कि जब सूर्य गर्म से और गर्म होता गया, उसने पानी के लिए भी रुकने से मना कर दिया। उसकी लातें थकती चली गईं पर

उसने कुछ क्षणों के लिए भी आराम करने से मना कर दिया। अंत में सूरज छुपने वाला था। भीड़ ने उसकी विजय के लिए ताली बजनी शुरू कर दी। जैसे ही वह शुरू के स्थान पर पहुँचा, प्यास और थकान से वह इतना कमजोर हो चुका था कि वह वहीं गिर पड़ा। इससे पहले भीड़ को समझ आता कि क्या हुआ है, वह थकान और प्यास से भर चुका था।

दुखी मन से, लोगों ने उसके दफ़न की तैयारी की। उन्होंने उसे वहीं दफनाया जहाँ पर वह बेहोश होकर गिर पड़ा था। इस प्रकार, उसे सिर्फ छः फुट लम्बी एवं चार फुट चौड़ी जगह की जरूरत थी जिसमें कि उसका शरीर दफनाया जा सके।

लालच की यह दुःख भरी कहानी, पृथ्वी पर अनेक लोगों के जीवन से बहुत अलग नहीं है। अधिकतर लोग क्या करते हैं? वे अपना जीवन एक दौड़ में गुजारते हैं ताकि जितना सम्भव हो, उतने पैसे कमा सकें, जितना सम्भव हो, उतनी जमीन-जायदाद कमा सकें, जितना सम्भव हो, उतना अपने लिए नाम-प्रसिद्धि कमा सकें या जितना सम्भव हो, उतनी सत्ता कमा सकें; पर वे पाते हैं कि यह दौड़ उनकी मृत्यु के साथ खत्म हो जाती है।

जब लोग सिर्फ जड़ पदार्थों को इकट्ठा करने के लिए इस संसार में जीवन यापन करते हैं तो एक-आध ही जीवन में शान्ति और सन्तोष पाता है। लोग सोचते हैं कि एक समय आएगा जब उनके पास इतना होगा कि वे आराम से बैठकर, अपनी मेहनत के फल का आनन्द ले सकेंगे। पर अधिकतर लोग, वह शान्ति पाने से पहले, इस संसार से चल बसते हैं।

यह संसार एक दौड़ के जैसा है। कुछ लोग इसे चूहा-दौड़ कहते हैं। हम एक Treadmill (पाँव-चक्की) या एक पहिये पर तेज भागते हैं पर कहीं नहीं पहुँचते हैं। इससे पहले कि हम जान पाएँ, सीटी बज जाती है और दौड़ का समय पूरा हो जाता है।

किसान तब तक सन्तुष्ट था, जब तक उसे दूसरों की जमींन-जायदाद से ईर्ष्या नहीं थी। फिर उसने वह दौड़ दौड़नी शुरू की, जिसका अन्त उसकी मृत्यु से हुआ।

कुछेक लोग ही महसूस करते हैं कि शान्ति और संतोष हमें आसानी से प्राप्त हो सकते हैं; वे पहले से ही हमारे अन्तर में हैं। अगर हम स्थिर रहकर, अन्तर में प्रवेश करें तो पृथ्वी पर मौजूद किसी भी खजाने से ज्यादा खजाने हमें प्राप्त होंगे। हमें इनको पाने के लिए मेहनत करने की जरूरत नहीं है। हम अपनी दैनिक दिनचर्या जी सकते हैं जैसे ईमानदारी से अपनी रोजी-रोटी कमाना, अपने परिवार

की देखभाल करना और दूसरों के साथ मिल बाँटकर खाना, और यह सब करते हुए भी हम अपने अन्तर में शान्ति और सन्तोष का आनन्द ले सकते हैं। हमें बाहरी धन-सम्पत्ति खोजने के लिए अन्तर की शान्ति त्यागने की जरूरत नहीं; क्या पता बाहरी सम्पत्ति मिले या न मिले या यह हमें वह खुशी दे या न दे, जो हम सोचते हैं कि यह हमें देगी।

किसान ने आराम के लिए या कुछ पीने के लिए एक क्षण भी नहीं निकाला। ऐसे ही, क्या हम अपनी ज़िन्दगियों में आध्यात्मिक विश्राम के लिए या अन्तर में मौजूद अमृत के झरने से पीने के लिए कुछ क्षण निकालते हैं? हमारे अन्तर में आनन्द, प्रेम और शान्ति का स्रोत मौजूद है। क्या कभी हम एक क्षण रुककर, इससे अमृत पीते हैं?

आओ हम किसान के जैसे न बनें। आओ हम हर रोज समय निकालकर, ध्यानाभ्यास में बैठें और अन्तर में मौजूद दिव्य खजानों के झरने से अपने आप को तरो-ताजा कर लें। इस प्रकार, प्रभु-प्रेम से हमारी प्यास बुझ जाएगी और रोजमर्रा के कामकाज करते हुए हम प्रेम एवं शान्ति से भरे रहेंगे। हम अपने सांसारिक लक्ष्यों को शान्त रह कर पा लेंगे और हम आंतरिक आनन्द से ओतप्रोत रहेंगे जिससे हमारी ज़िन्दगी खूबसूरत हो जाएगी।

□□

10) इच्छाओं का कोई अंत नहीं

एक समय एक बढ़ई था जो कि अपने घर में ही कामकाज करता था। हर दिन वह कोई फर्नीचर या अन्य सामान बनाकर और उसे दूसरों को बेचकर खुश रहता था। वह अपने जीवन से संतुष्ट था और काम करते समय खुशी से गाता-गुनगुनाता रहता था।

एक दिन, उसका एक अमीर पड़ोसी, उसके द्वारा लकड़ी ठोकने-पीटने की आवाज से परेशान हो उठा। पड़ोसी उस हालत में था कि वह शोर को और बरदाश्त नहीं कर पा रहा था। पड़ोसी ने बढ़ई को शान्त करने की एक योजना बनाई। उसने कई सौ रुपये निकाले और उन्हें एक लिफाफे में डालकर बढ़ई की दुकान में रख दिया। पड़ोसी ने सोचा कि अगर उसने बढ़ई को पैसे दे दिये तो उसे काम नहीं करना पड़ेगा और वह अपनी ठोका-पीटी छोड़ देगा।

बढ़ई अपनी दुकान में घुसा तो उसे वहाँ लिफाफा पड़ा मिला। उन पैसों से कहीं घूम कर आने की बजाय, बढ़ई ने सोचा, "किसी ने मेरे लिए कई सौ रुपये छोड़े हैं। क्या सौभाग्य है! इन पैसों में से कुछ पैसे लेकर मैं नए औज़ार खरीद लूँगा ताकि मैं अधिक बड़े और बेहतर फर्नीचर बना सकूँ और ज्यादा धन कमा सकूँ।" इस प्रकार, उन पैसों ने बढ़ई की अधिक धन कमाने की इच्छा को भड़का दिया। उसने और मेहनत करनी शुरू कर दी ताकि वह हाल ही में मिले कई सौ रुपयों को हजारों में बदल सके।

जैसे उसने अधिक पैसे कमाने शुरू किए, वह वहीं पर सन्तुष्ट नहीं हुआ। उसने फैसला किया कि वह हजारों को दस हजारों में बदलना चाहता है और इसलिए उसने और कड़ी मेहनत करनी शुरू कर दी। अमीर पड़ोसी परेशान था कि उसकी योजना असफल हो गई है और बढ़ई को शान्त करने के बजाय, उससे शोर ही बढ़ा था क्योंकि अब वह इंसान और अधिक समय काम करता था।

जब बढ़ई ने दस हजार कमा लिए तो अब वह लाख कमाना चाहता था। उसने अपने आप पर काम का दबाव बढ़ा दिया और वह दिन-रात और सप्ताह के अन्त में भी काम करने लगा। जल्द ही, उसने गाना-गुनगुनाना छोड़ दिया। उसे अब अपने काम में आनन्द नहीं आता था बल्कि अपने आप पर डाले गए दबाव

से वह घुटन महसूस करता था। रात में कई बार वह इतना तनाव में होता था कि सो भी नहीं पाता था। जो आंतरिक सन्तोष और शान्ति उसमें थी, जब वह गरीब था, वह अधिक से अधिक धन कमाने के चक्कर में गायब हो चुकी थी।

हम अपनी जिन्दगियों पर नज़र मारें। क्या हम पाते हैं कि हम हर समय पैसे कमाने में लगे रहते हैं ताकि हम सेवानिवृत्त हो सकें? क्या हम ज्यादा पैसे कमाने के लिए अधिक देर तक काम करते हैं? क्या हम अधिक लाभ पाने के लिए हर अवकाश में भी काम करते रहते हैं? क्या हम पाते हैं कि हम अपने कामकाज से एक दिन या कुछ घण्टे का भी अवकाश, बिना अपने कामकाज के बारे में सोचे हुए, नहीं ले पाते हैं? अगर हमारे साथ ऐसा हो रहा है, तो क्या हम बढ़ई जैसे बन रहे हैं? अगर हम सारी दुनिया का धन कमा लें पर अपने काम से हमें शान्ति और खुशी नहीं मिल रही तो ऐसे काम का क्या फायदा?

अगर हम पाएँ कि हम पैसे कमाने में बहुत ज्यादा समय लगा रहे हैं और अपने परिवार, अपने शौक, अपनी आध्यात्मिक गतिविधियों और अपनी पसन्दीदा चीजों में उचित समय नहीं दे पा रहे हैं तो हमें विश्लेषण करने की जरूरत है कि क्या हम सही चुनाव कर रहे हैं। भविष्य के लिए बचाकर रखना अच्छा है पर अपनी पूरी ज़िन्दगी को इतना धन कमाने में लगा देना, जितने की हमें जरूरत नहीं है, कितना सही है?

कौन जानता है, भविष्य में क्या होगा? जब हम बूढ़े होंगे, क्या हमारा स्वास्थ्य वह करने लायक बचेगा जिसे करने के लिए हमने ज़िन्दगी भर इंतजार किया हो। हम अपने आध्यात्मिक कार्यों को वृद्धावस्था में करने के लिए छोड़ दें तो किसे पता है कि हमें कितना समय मिलेगा या उस अवस्था में हम अध्यात्म में समय दे भी पाएँगे कि नहीं। अगर हम अपने परिवार की उपेक्षा करें, जब तक कि वे व्यस्क नहीं हो जाते और उनके अपने बच्चे नहीं हो जाते, तो हम उनकी ज़िन्दगियों के एक महत्त्वपूर्ण दौर से वंचित रह जाते हैं जो कभी वापिस नहीं आता है।

हम इस बात पर ध्यान दें कि हम अपना समय कैसे गुजारते हैं। अगर हम समझते हैं कि कोई दूसरे लक्ष्य महत्त्वपूर्ण हैं तो हमें जीवनभर उनके लिए समय निकालने का प्रयास करते रहना चाहिए और जरूरत से अधिक धन संचय करने की कोशिश में हमें उन सभी की उपेक्षा नहीं करनी चाहिए। हम अपने समय पर ध्यान दें और यह सुनिश्चित कर लें कि धन और जायदाद की सनक से पैदा हुए

तनाव से हम अपनी शान्ति और संतोष को खत्म न होने दें। इस बात के प्रति जाग्रत होना कि हम अपना समय और जीवन कैसे गुजारते हैं, महत्त्वपूर्ण है। अगर हम अपनी आत्मा को सुनें, तो हम पाएँगे कि आंतरिक शान्ति और सन्तोष संसार की सम्पूर्ण धन-सम्पत्ति से अधिक मूल्यवान हैं।

□□

स्वीकार करना

11) तेरा भाणा मीठा लागे

अपने दैनिक जीवन में हम अनेक कठिनाइयों, परेशानियों और निराशाओं का सामना करते हैं। चीज़ें हमेशा हमारे अनुसार नहीं चलतीं। अगर हम दूसरों की बातचीत पर तथा स्वयं के विचारों और वचनों पर ध्यान दें तो हम पाते हैं कि उनमें से कइयों में यह शिकायत होती है कि ज़िन्दगी हमारे साथ कैसा सुलूक कर रही है। ज़िन्दगी कई बार कड़वी प्रतीत होती है और बदले में हमें कड़वाहट से भर देती है।

क्या कभी हमने ज़िन्दगी के बारे में एक अलग अन्दाज से सोचा है? सोचो, वास्तव में हम कितने भाग्यशाली हैं। आखिरकार, हम इंसान हैं। इस धरती पर कितने प्रकार के जीव चलते हैं? यहाँ पर चौपाये, जमीन पर रेंगने वाले सरीसृप, कीड़े-मकोड़े आदि रहते हैं। अनेक प्रकार के जीव हवा में और पानी में भी रहते हैं। हम सौभाग्यशाली हैं कि हम इंसान के जैसे पैदा हुए हैं।

हममें से कितनों ने कभी अपने जीवन के लिए प्रभु का धन्यवाद किया है? जब चीजें गलत हो जाती हैं तो हम प्रभु से शिकायत करते हैं पर उन सैकड़ों वस्तुओं के बारे में क्या, जो प्रभु ने हमें दी हैं? प्रभु ने हमें पर्याप्त भोजन दिलाया जिससे हम अभी तक जी सके। हमें कपड़ों और मकान के द्वारा गर्मी, सर्दी, बरसात आदि से बचा कर रखा गया।

हममें से अधिकतर का एक परिवार है जहाँ से हमें प्रेम मिलता है। हमें किसी न किसी प्रकार की शिक्षा मिली है और हम कोई कामकाज करते हैं।

अगर हम उन सब चीजों की ओर ध्यान दें जो प्रभु ने उपहार रूप में हमें दी हैं, तब हम प्रभु-इच्छा के अन्तर्गत, अच्छाई और कठिनाई, दोनों को समान रूप से स्वीकार कर सकते हैं। इस बारे में गज़नी के बादशाह महमूद का एक किस्सा है। एक दिन वह अपने सबसे वफादार नौकर, अयाज के साथ बैठा हुआ, अपना खीरा उसके साथ बाँट रहा था। अयाज ने उसका धन्यवाद किया और राजा द्वारा दिया गया आधा खीरा खुशी-खुशी खा लिया। जब वह खा चुका तो राजा ने अपने हिस्से का खीरा चखा।

"ओह! " वह चिल्लाया और उसने बुरा सा चेहरा बनाया और खीरे को

थूक दिया। "यह तो बहुत कड़वा है। तुमने अपने हिस्से का खीरा कैसे खाया, यह जहर जैसा कड़वा है।"

अयाज ने उत्तर दिया, "हे जाहपनाह! मैंने इन सालों में आपसे अनेक आशीर्वाद और उपहार पाए हैं। आप जो कुछ भी मुझे दो, वह मीठा है।"

अयाज का दृष्टिकोण प्रभु के सच्चे भक्त की मानसिक स्थिति दर्शाता है।

ऐसा प्रेमी प्रभु में इतना लीन और प्रभु का इतना कृतज्ञ होता है कि वह हर चीज, अच्छी या कड़वी, को प्रभु का उपहार मानता है। अयाज ने बादशाह से इतने आशीर्वाद पाए थे कि उसने समझा कि शिकायत करना उचित नहीं होगा, अगर इनमें से एक उपहार कड़वा है। आखिरकार, बादशाह ने उसका भला किया है, तो उसे अवश्य ही उससे प्रेम करना चाहिए। अगर कभी-कभार उसने उसे कोई कड़वी वस्तु पकड़ा दी, अयाज जानता था कि उसका इरादा गलत न था। उसने वह सब, जो राजा ने उसे दिया था, प्रेम और कृतज्ञता से स्वीकार किया।

अगर हम कठिनाई के दिनों को उतनी ही कृतज्ञता से स्वीकार कर सकें जैसे हम खुशी के दिनों को करते हैं तो हम पाएँगे कि हमारी ज़िन्दगी प्रेम, शान्ति और खुशी से भरपूर हो जाएगी। अगर हम फलों के साथ-साथ खर-पतवार का भी उतना ही महत्त्व समझ सकें तो हम अपनी रोजमर्रा की ज़िन्दगी को समृद्ध करेंगे। अगर हम अपने दुश्मनों को भी उतना महत्त्व दे सकें जितना अपने दोस्तों को, तो हमें अपने बहुमूल्य श्वास शिकायतों तथा कड़वाहट में नष्ट नहीं करने पड़ेंगे। अगर हम उन दिनों को, जब हम बीमार हों, वैसे ही स्वीकार कर सकें जैसे हम उन दिनों को करते हैं, जब हम स्वस्थ हों, तो हम अपने तनाव और चिन्ता को कम कर पाएँगे और, हो सकता है, हम अधिक तेजी से स्वस्थ हो जाएँ।

जीवन अनमोल है। क्या हम जीवन को पूरी तरह जीना चाहते हैं? दर्द और निराशा की शिकायत करने से दर्द और निराशा खत्म नहीं होगी। हमें अवश्य उन क्षणों से गुजरना पड़ेगा। हम कोशिश करें कि हम शान्ति से इनमें से गुजर जाएँ और अपनी ऊर्जा को बचाकर रखें, जो कि आमतौर से हम शिकायतों में खर्च कर देते हैं। इसके बजाय, हम प्रेम और कृतज्ञता से प्रभु का ध्यान करें। हम पाएँगे कि हम कठिन समय में से अधिक आसानी से गुजर जाएँगे। अयाज के जैसे, प्रभु से मिलने वाली हर दात को हम मधुर समझें। तब हमारी पूरी ज़िन्दगी और हमारे आस-पास के लोगों की जिन्दगी मधुर हो जाएगी।

□□

सफलता और लक्ष्यों की प्राप्ति

12) एकाग्र होना

किसी भी क्षेत्र में सफलता के लिए हमारा एकाग्र होना जरूरी है। चाहे हम डॉक्टर बनना चाहें, सर्वोत्तम एथलीट, महान गायक या कलाकार बनना चाहें या एक अमीर व्यापारी बनना चाहें, हमें लक्ष्य की प्राप्ति के लिए पूर्णतया एकाग्र होना होगा। जिस किसी ने भी अपने जीवन में एक बड़ी उपलब्धि पाई है, उसके जीवन को देखो। हम पाते हैं कि उसमें अपने लक्ष्य के लिए एक अनन्य लगन थी।

आध्यात्मिक विकास के क्षेत्र में भी कुछ अलग नहीं है। यह महत्त्वपूर्ण है कि जब हम आध्यात्मिक अभ्यास करें, हम पूरी एकाग्रता से करें। अपने आप को जानने के लक्ष्य पर हमारा पूरा ध्यान होना चाहिए।

महान सूफी सन्त, बायज़ीद बुस्तामी की ज़िन्दगी से एक किस्सा है। एक बार वे अपने रूहानी गुरु के पास बैठे हुए थे। गुरु जी ने उनको खिड़की के पास रखी एक किताब लाने को कहा।

बुस्तामी ने पूछा, "कौन सी खिड़की? खिड़की कहाँ है?"

गुरु जी को बहुत अचम्भा हुआ और उन्होंने कहा, "ऐसा कैसे है कि वर्षों से तुम मुझसे मिलने आ रहे हो और तुम्हें पता नहीं है कि खिड़की कहाँ है?" शिष्य ने जवाब दिया, "मैं खिड़की पर ध्यान क्यों दूँ? जब मैं आपके साथ होता हूँ तो सिर्फ आपको देखता हूँ। मैं आपके सिवाय किसी अन्य चीज़ की ओर नज़र नहीं करता।" गुरु जी मुस्कराए और बोले, "तुम अब घर जा सकते हो। मेरे पास रूहानी शिक्षा का तुम्हारा पाठ्यक्रम पूरा हो चुका है। तुम अपना लक्ष्य पा चुके हो।"

जब हम अपनी आत्मा और प्रभु की खोज में हों तो हमें उन्हीं को खोजने पर ध्यान देना चाहिए, किसी अन्य पर नहीं। जब हम प्रभु के सम्पर्क में हों तो हमें किसी भी ओर चीज़ का आभास नहीं होना चाहिए। हमें प्रभु की मदिरा को तन्मयता से पीना चाहिए और इससे अपने आप को सरमस्त और सरशार होने देना चाहिए। जब हम ध्यानाभ्यास में बैठे हों तो हमें अपने सामने दिख रही ज्योति के मध्य में ध्यान टिकाना चाहिए और मन में उठते विचारों पर ध्यान नहीं देना चाहिए। जब हम अन्तर में प्रभु के शब्द को सुनें तो हमें शब्द पर ध्यान टिका कर

रखना चाहिए और मन में उठते किसी भी विचार पर ध्यान नहीं देना चाहिए। इस प्रकार, कहानी में शिष्य के जैसे, हम भी अपने आध्यात्मिक शिक्षा के पाठ्यक्रम को पूरा कर पाएँगे और अपने पसंदीदा लक्ष्य को पा जाएँगे।

हमें अपने ध्यानाभ्यास या प्रार्थना में एकाग्रचित होकर बैठना चाहिए। हमें किसी भी चीज़ को अपनी एकाग्रता में बाधा नहीं बनने देना चाहिए। हमें अपने वातावरण की किसी अन्य वस्तु का ध्यान नहीं होना चाहिए। ध्यानाभ्यास के दौरान हमें बाहरी संसार पर या नीचे अपने शरीर पर कोई ध्यान नहीं देना चाहिए। हमें अपने विचारों पर भी कोई ध्यान नहीं देना है।

हम उसके दरवाजे पर बैठें जैसे कि हम एक बड़ी आँख हों और हम प्रेममयी भक्ति के साथ, जो कुछ भी हमें मिले, उसका इंतजार करें। रूहानी रास्ते पर सफलता पाने का यही तरीका है।

□□

13) नियमितता

लोग अपने ध्यानाभ्यास में आंतरिक अनुभव पाना चाहते हैं। पर उनमें से अधिकतर मुश्किल से ही ध्यानाभ्यास में कोई समय देते हैं। जीवन में किसी भी चीज़ में सफलता के लिए नियमितता और अभ्यास की जरूरत होती है।

इसको समझाने के लिए, वर्षा और चट्टान की एक कहानी है। एक दिन पृथ्वी, हवा और वर्षा एक बड़ी चट्टान से बात कर रहे थे। चट्टान ने कहा, "तुम सब एक साथ मिल जाओ, तब भी मैं अधिक ताकतवर हूँ।"

शुरू में उन तीनों ने सहमति प्रकट की कि चट्टान बहुत मजबूत है। पर अचानक वर्षा ने कहा, "तुम मजबूत हो सकती हो पर मैं तुमसे अधिक शक्तिशाली हूँ।"

दूसरे वर्षा पर हँसने लगे। "तुम चट्टान से अधिक शक्तिशाली कैसे हो सकती हो? तुम पानी की सिर्फ छोटी-छोटी बूँद हो।"

वर्षा ने कहा, "अगर मैं चाहूँ तो चट्टान में छेद कर सकती हूँ।"

हर कोई वर्षा पर हँसने लगा और सोचने लगा कि वर्षा को गलतफहमी है।

"बस इंतजार करो और देखो", वर्षा ने कहा।

और तब वर्षा बरसने लगी। छोटी छोटी बूँदें लगातार चट्टान से टकराने लगीं। दिन गुजरे पर कुछ नहीं हुआ।

"तुम चट्टान पर कई दिनों से बरस रही हो", हवा ने कहा, "और कुछ नहीं हुआ है। चट्टान में कोई छेद नहीं बना है।"

वर्षा ने कहा, "चिन्ता नहीं करो। कुछ समय ठहरो और देखो।"

महीने गुजर गए और वर्षा चट्टान पर बरसती रही। अन्त में, कई वर्षों बाद, हवा और पृथ्वी को एक चीख सुनाई दी। वे दौड़कर चट्टान के पास पहुँचीं।

"क्या हुआ?" उन्होंने पूछा।

"इन सब वर्षों में वर्षा लगातार इतनी हुई है कि मुझमें एक छेद बन गया है।" सचमुच, वर्षा की बूँदों ने चट्टान के अन्दर एक छेद कर दिया था।

"तुमने ऐसा कैसे किया?" दूसरों ने वर्षा से पूछा।

"यह छेक चट्टान को हिंसक रूप से काटकर नहीं बनाया गया बल्कि यह

चट्टान पर मेरे लगातार, नियमित रूप से गिरने से बना है", वर्षा ने कहा।

यह कहानी हमें सिखाती है कि अन्तर में रूहानी तरक्की कैसे होती है। आंतरिक अनुभव अचानक कोशिश करने से प्राप्त नहीं होते हैं। ये दिन-प्रतिदिन सहजता से की गई लगातार कोशिशों से प्राप्त होते हैं। नियम से की गई कोशिश से ही हम तरक्की करते हैं। जैसे कि कहावत है, "धीमे और लगातार कोशिश करने से जीत हासिल होती है।"

अगर हम सोचते हैं कि वर्ष में एक बार छः घंटे ध्यानाभ्यास करने से हमें लक्ष्य प्राप्त हो जाएगा तो हम गलती पर हैं। जब हम प्रतिदिन कुछ समय ध्यानाभ्यास में देंगे, तो परलोक को जाने वाला रास्ता हमारे लिए खुल जाएगा।

आओ हम नियमित हो जाएँ। आओ हम रोजाना ध्यानाभ्यास के लिए समय निकालें। तब नियमित वर्षा के जैसे, बूँद-बूँद करके, थोड़ा-थोड़ा करके, हम धीरे-धीरे ज्योति के संसार में प्रवेश कर जाएँगे।

□□

14) समय का सर्वोत्तम उपयोग

एक गरीब लकड़हारे के बारे में एक पौराणिक कहानी है। वह आजीविका कमाने के लिए कड़ी मेहनत करता था। एक दिन राजा जंगल के उस हिस्से से गुजरा, जहाँ लकड़हारा लकड़ियाँ काटता था और उसने लकड़हारे को कड़ी मेहनत करते देखा। उसे उसकी गरीबी देखकर दया आई और उसने उसकी मदद करनी चाही।

राजा ने कहा, "ऐ लकड़हारे, मेरे पास कुछ जमीन है जिस पर कुछ चन्दन के पेड़ खड़े हैं। मैं वह जमीन तुम्हें दे दूँगा ताकि उसका इस्तेमाल करके तुम अमीर हो जाओ।"

लकड़हारे ने राजा का धन्यवाद किया। क्योंकि उसे चन्दन के वृक्षों का महत्त्व नहीं पता था, उसने उन्हें काटकर, उनकी लकड़ी सामान्य वृक्षों की कीमत पर बेच दी। जब वह ज्यादातर वृक्ष बेच चुका था, राजा फिर वहाँ आया। उसे उम्मीद थी कि अब तक वह धनवान बन चुका होगा, पर उसे अब भी गरीब देखकर उसे धक्का लगा।

"ऐसा कैसे हुआ कि चन्दन के वृक्ष बेचकर भी तुमने ज्यादा पैसे नहीं कमाए?" राजा ने पूछा। "ये पेड़ बहुत कीमती हैं।"

लकड़हारे ने महसूस किया कि उसने एक सुनहरी मौका गँवा दिया है। सिर्फ गिनती के पेड़ बचे थे। उसने उनको सही मूल्य पर बेचकर इतने पैसे कमा लिए कि वह आराम से ज़िन्दगी बिता सका।

लकड़हारे की यह कहानी हमारी अपनी ज़िन्दगी की कहानी है। चन्दन प्रतीक है, हमें ज़िन्दगी में मिली साँसों का।

पर लकड़हारे के जैसे, हम अधिकतर अपने साँसों और समय के कीमती उपहार को बर्बाद कर देते हैं। अपने उपहार से रूहानी खजाने इकट्ठे करने की बजाय, हम अपना समय नष्ट कर रहे हैं। समय अनमोल है। एक बार यह चला जाए तो हम इसे वापिस नहीं ला सकते हैं। आओ हम अपने समय का सदुपयोग करें। अगर हम ऐसा करेंगे, तो हम इतने रूहानी खजाने इकट्ठे कर लेंगे, जितना हमने अपने स्वप्न में भी नहीं सोचा होगा।

एक कहावत है जो हमें हर क्षण का महत्त्व समझाती है। हम उस क्षण को किस चीज़ में खर्च कर रहे हैं? क्या हम उसको क्रोध या लालच के विचारों में खर्च करना चाहते हैं? क्या हम उसको भूतकाल के चिन्तन में या भविष्य की चिन्ता में खर्च करना चाहते हैं? क्या हम उसको ऐसे मनोरंजनों में खर्च करना चाहते हैं जिनकी हमारे लिए कोई कीमत नहीं है? या फिर हम उस क्षण को किसी ऐसी गतिविधि में खर्च करना चाहते हैं जिससे हम यह जान सकें कि हम वास्तव में कौन हैं और हम यहाँ क्यों आए हैं? हमारी ज़िन्दगी में हमारे लिए सबसे कीमती क्या होगा?

क्या हम भवसागर में, बिना किसी लक्ष्य के, बह रहे हैं? क्या हम अपने जीवन का कुछ समय यह सोचने में खर्च करते हैं कि हम किस दिशा में जाना चाहते हैं? मेरे आध्यात्मिक गुरु, संत कृपाल सिंह की महाराज ने अपनी छोटी उम्र में इस बात पर विचार किया कि उन्हें ज़िन्दगी में क्या करना है। गहरे आत्म चिन्तन के बाद, उन्होंने अंत में निर्णय लिया, "प्रभु पहले, दुनिया बाद में।" उन्होंने फैसला किया कि अपने आप को जानना और प्रभु को पाना उनकी प्रथम प्राथमिकता होगी। इस लक्ष्य को मन में रखकर उन्होंने अपना रास्ता निश्चित किया और वे तब नहीं रुके, जब तक वे लक्ष्य पर नहीं पहुँच गए।

अगर हम महान व्यक्तियों की ज़िन्दगियों को देखें तो हम पाएँगे कि इनमें से अनेक व्यक्तियों ने जीवन में कोई एक दिशा निर्धारित की थी। हो सकता है, उन्होंने अपनी कला, अपने विज्ञान, अपने शौक, अपनी खोज या अपने आध्यात्मिक विकास पर ध्यान देना चाहा हो, पर उन सबमें एक बात मिलती थी। वे बिना लक्ष्य के बह नहीं रहे थे; उन्होंने अपना रास्ता निर्धारित किया था और वे उस पर चले थे।

सिक्खों के नौवें गुरु, तेग बहादुर जी ने एक छोटे बन्द कमरे में कई वर्ष ध्यानाभ्यास किया, जब तक उन्होंने प्रभु को नहीं पा लिया। भगवान बुद्ध ने अपना राजपाट छोड़ा और वे जाग्रति की खोज में निकल गए। उन्होंने संसार की प्रकृति और हम वास्तव में कौन हैं, से सम्बन्धित प्रश्नों के उत्तर खोजने में वर्षों लगाए। पैगम्बर मौहम्मद ने अल्लाह की खोज में कई वर्ष एक गुफा में व्यतीत किए।

अगर हम अपनी आत्मा को खोजना चाहते हैं तो हमें उसके लिए समय निकालना होगा। हम देख चुके हैं कि कैसे अपने शरीर को ज़िन्दा रखने और उसकी देखभाल करने में ही हमारी ज़िन्दगी खत्म हो जाती है।

विभिन्न गतिविधियाँ जैसे खाना-पीना, सोना, बनना-सँवरना और दैनिक जीवन की आवश्यकताओं के लिए नौकरी-पेशा करना, हमारे समय का एक बड़ा हिस्सा ले जाती हैं। जो थोड़ा सा समय बचा रहता है, उसके बारे में हम सोच सकते हैं कि हम उसका सर्वोत्तम उपयोग कैसे करें। लकड़हारे के जैसे, अपने इंसानी जन्म में मिले समय के बहुमूल्य उपहार को हम बर्बाद नहीं करना चाहेंगे।

हम विश्लेषण कर सकते हैं कि दिन के चौबीस घंटों में विभिन्न गतिविधियों में हम कितना समय लगाते हैं। तब हम यह निर्णय ले सकते हैं कि हम अपने अन्तर में बसी आत्मा को जानने के लिए समय कैसे निकालें। अपनी आत्मा के प्रकाश और खजानों को प्रकट करने के लिए हमें प्रतिदिन ध्यानाभ्यास में समय देना होगा। जितना अधिक समय हम इस खोज में लगाएँगे, उनका बेहतर होगा। अगर हम रोजाना अपने अन्तर की शान्ति में समय बिताएँ और अन्तर के रूहानी खजानों का लाभ उठाएँ, तो हम चन्दन के वृक्षों के उपहार का पूर्ण लाभ उठाएँगे और अपने जीवन का सर्वोत्तम उपयोग कर लेंगे।

□□

15) हार के बाद जीत

थॉमस एडिसन ने बिजली के बल्ब का आविष्कार किया था। अगर यह उत्तम आविष्कार नहीं हुआ होता तो हम अनुमान लगा सकते हैं कि हमारी ज़िन्दगी कैसी होती। बिजली के बल्ब से यह सम्भव हो सका कि हम रात में भी गतिविधियाँ कर सकें जो कि युगों-युगों से अक्सर दिन में ही सम्भव हो पाती थीं। मोमबत्ती और आग में रोशनी देने की क्षमता सीमित होती है।

चाहे हम इस आविष्कार को बहुत आसान समझें पर इसके लिए लगातार कड़ी मेहनत करनी पड़ी थी। यह कहा जाता है कि एक आलोचक ने यह कहकर एडिसन का अनादर करना चाहा कि वह "स्टोरेज़ बैटरी" के साथ किए गए अपने परीक्षणों में 25000 बार फेल हो चुका है।

महान एडिसन ने उत्तर दिया, "नहीं, मैं फेल नहीं हुआ हूँ। मैंने 24,999 तरीके खोजे हैं जो 'स्टोरेज़ बैटरी' पर काम नहीं करते हैं।"

एडिसन के अडिग रहने से आश्चर्यजनक आविष्कार हो सके। असफलता के प्रति उनके दृष्टिकोण ने ही उन्हें सफलता दिलाई। वे असफलता को सीखने का एक अवसर मानते थे जोकि उन्हें सफलता की ओर ले जाता था। अगर उन्होंने पहली, दसवीं, सौवीं या 24,999वीं कोशिश के बाद छोड़ दिया होता, तो वे कभी सफल नहीं होते।

असफलता के प्रति एडिसन के दृष्टिकोण को हम स्वयं के आध्यात्मिक जीवन पर लागू कर सकते हैं, जिसमें प्रार्थना और ध्यानाभ्यास शामिल हैं। अनेक व्यक्ति प्रतिदिन ध्यानाभ्यास और प्रार्थना में बैठते हैं पर कई बार वे निरुत्साहित हो जाते हैं, अगर वे ध्यानाभ्यास के दसवें दिन तक अपने आध्यात्मिक लक्ष्य पर नहीं पहुँच पाते हैं। अपने लक्ष्य पर अडिग रहने और अपने ध्यानाभ्यास पर टिके रहने के बजाय, कई लोग इसे छोड़ देते हैं। वे समझते हैं कि अगर उनका लक्ष्य तुरन्त नहीं मिलता है तो वे असफल हैं। यह दृष्टिकोण उन्हें बहुत जल्दी छोड़ देने को मजबूर कर देता है। अगर एडिसन ने बिजली का बल्ब बनाने के लिए 25000 बार कोशिश की जब तक कि वह सफल नहीं हो गया, तो क्या हम आंतरिक बल्ब जलाने के लिए 25000 बार ध्यानाभ्यास में नहीं बैठ सकते?

असफलता से हमें निरुत्साहित नहीं होना चाहिए। अगर हम ध्यानाभ्यास में बैठें और हमें ज्योति आती-जाती दिखाई दे या हमें कुछ रंगों की ज्योति दिखे तो हम निराश न हों। ये प्राथमिक कदम हैं। नियमित रूप से बैठने से हम ध्यानाभ्यास में अधिक निपुण हो जाएँगे। हमें कोई अन्दाजा नहीं है कि ध्यानाभ्यास में बीता हर एक मिनट हमारे लिए कितना लाभदायक है। हो सकता है, हमें अपनी तरक्की अभी नहीं दिखाई दे पर जो सभी घंटे और मिनट हमने ध्यानाभ्यास में गुजारे हैं, उन सबका मिलकर असर होता है। अगर हम छोड़ देते हैं क्योंकि एक दिन हमें कुछ नहीं दिखाई दिया, एक अन्य दिन ज्योति के बिन्दु दिखे और तीसरे दिन हल्की नीली ज्योति दिखी, तो हो सकता है, हम वह महान दिन नहीं देख पाएँ जब हम अपने गन्तव्य पर पहुँचकर तीव्र चमकदार ज्योति से भर जाएँगे।

एडिसन जैसा बनने के लिए लगन की जरूरत है। इसका अर्थ है कि जिस दिन भी हम सोचें कि हम असफल रहे, हम समझें कि हम यह सबक सीख रहे हैं कि हम अपने ध्यानाभ्यास में क्या 'नहीं' करें। अगर हमें ध्यानाभ्यास में किसी दिन ज्योति न दिखाई दे तो हमें विचार करना चाहिए कि क्या हमने सही तकनीक इस्तेमाल की है। क्या ध्यानाभ्यास के बजाय हम अपने भूतकाल या भविष्य के विचारों में व्यस्त थे? हर असफलता एक अवसर है, अगली बार बेहतर करने का। हम 24,999 वे चीजें जान जाएँगे जो हमें अपने ध्यानाभ्यास में नहीं करनी हैं। 25,000 वीं बार हम अंततः सही प्रकार से ध्यान टिकाने का तरीका जान सकते हैं और तब अचानक से हमें चमचमाती ज्योति की बौछारों का वरदान प्राप्त होगा।

जब हम ध्यानाभ्यास और प्रार्थना में बैठें, हम निरुत्साहित न हों। हम अपनी ओर से उचित प्रकार से ध्यानाभ्यास करें और बाकी प्रभु पर छोड़ दें। तब, एक दिन हम पाएँगे कि हमारी सारी कोशिशें सफल होंगी और हम वह स्विच खोज लेंगे जिससे हम अपने अन्तर के 'बिजली के बल्ब' को सदा के लिए जला सकेंगे।

□□

16) जीवन के लक्ष्यों के प्रति पूर्ण समर्पण

अगर हम सभी युगों में आए संतों-सतगुरुओं की जिन्दगियों पर नज़र मारें तो हम सभी में एक ऐसा गुण पाएँगे जो उनकी सफलता के लिए अति आवश्यक था। ऐसा नहीं था कि वे अलौकिक क्षमताएँ लेकर पैदा हुए थे। ऐसा नहीं था कि वे मानव से कुछ अधिक थे। जो गुण उन्हें औरों से अलग करता है, वह है आध्यात्मिक लक्ष्यों के प्रति पूर्ण समर्पण। उन्होंने अपनी आँखें अपने लक्ष्य पर टिकाए रखीं और वे तब तक नहीं रुके, जब तक अपने लक्ष्य पर नहीं पहुँच गए। अगर हम जीवन में कोई भी लक्ष्य पाना चाहते हैं तो उसमें सफलता का राज है कि धूप हो या बारिश, समुद्र शान्त हो या तूफानी, हमें अपने लक्ष्य पर टिके रहना है। यह सत्य है, चाहे हम आध्यात्मिक लक्ष्य पाना चाहते हों या कोई दुनियावी उपलब्धि पाना चाहते हों। जिन लोगों ने खेल, विज्ञान या कला के क्षेत्र में दुनियावी लक्ष्य पाए हैं, उन्होंने भी लक्ष्य के प्रति अपने समर्पण के फलस्वरूप ये आश्चर्यजनक परिणाम पाए हैं।

इस सन्दर्भ में, भारत के महान लेखक, कवि और चिन्तक, रविन्द्रनाथ टैगोर के जीवन से एक किस्सा है। उन्होंने शान्ति निकेतन आश्रम की स्थापना की और वे वहाँ प्रतिदिन कड़ी मेहनत करते थे। एक बार, 1939 में महात्मा गाँधी उनके पास आए और उन्होंने वहाँ एक सार्वजनिक भाषण दिया। भाषण के बाद उन्होंने रविन्द्रनाथ टैगोर के साथ समय बिताया और परस्पर रुचि के विषयों पर विचार-विमर्श किया। दोपहर भोजन के पश्चात, जब गाँधी जी आराम करने चले गए तो आश्रम के कुछ कार्यकर्ता, जो रविन्द्रनाथ टैगोर के भक्त थे, उनके पास आए।

"गाँधी जी, क्या आप हमारी मदद कर सकते हैं?" उन्होंने पूछा।

"आपको क्या चाहिए?" महात्मा गाँधी ने पूछा।

"हम रविन्द्रनाथ टैगोर जी के स्वास्थ्य को लेकर चिन्तित हैं। उनका स्वास्थ्य ठीक नहीं है। चिकित्सकों ने उनको आराम करने की सलाह दी है पर वे मानते नहीं हैं। दोपहर भोजन के बाद, वे तुरन्त काम में लग जाते हैं और एक क्षण भी आराम नहीं करते हैं। हम उनके स्वास्थ्य में गिरावट नहीं चाहते हैं।"

गाँधी जी ने पूछा, "आप क्यों चाहते हैं कि मैं उनसे कुछ कहूँ?"

उन्होंने कहा, "हम जानते हैं कि वे आपकी सलाह के विरूद्ध नहीं जाएँगे।" इसलिए गाँधी जी रविन्द्र नाथ टैगोर से यह बात कहने के लिए तैयार हो गए कि वे कुछ आराम कर लिया करें।

जब गाँधी जी आराम कर चुके, तो वे टैगोर जी के निवास पर पहुँचे। उन्होंने देखा कि टैगोर जी अपने काम में पूरी तरह डूबे हुए थे। जब टैगोर ने ऊपर देखा और वहाँ गाँधी जी को पाया तो उन्होंने उनसे पूछा, "क्या आपको यहाँ आराम नहीं है जो आप इतनी जल्दी अपने विश्राम को छोड़कर यहाँ आ गए हैं।"

गाँधी जी ने कहा, "मैं आपसे कुछ माँगने आया हूँ। कृपया यह जाने बिना कि यह क्या है, आप इसे मुझे दे दीजिए।"

टैगोर ने कहा, "पहले मुझे बताओ कि यह चीज क्या है।"

"बहुत अच्छा", गाँधी जी ने कहा, "मैं आपसे यह माँगने आया हूँ कि आप दोपहर भोजन के बाद, आराम कर लिया करें ताकि आपका स्वास्थ्य बिगड़े नहीं। आप आजकल तंदुरुस्त नहीं चल रहे हो।"

टैगोर ने उत्तर दिया, "मैं ऐसा कैसे कर सकता हूँ? मुझे आपको सच बताना पड़ेगा ताकि आप समझ सको। जब मैं बारह वर्ष का था, मैंने पवित्र जनेऊ धारण किया था। उस समारोह में मैंने यह प्रण लिया था कि मैं किसी भी कारण से, दिन के किसी भी समय कभी आराम नहीं करूँगा। अब तक मैंने अपना प्रण पूरा किया है। मैं कितने वर्ष और जीऊँगा? मैं वह प्रण अब क्यों तोड़ूँ?" अपने प्रण के प्रति टैगोर के दृढ़ संकल्प और समर्पण से गाँधी जी भावुक हो उठे। 67 वर्षों से, टैगोर ने दिन में कभी आराम नहीं किया था। गाँधी जी लक्ष्य के प्रति उनके समर्पण से प्रभावित हो गए थे। गाँधी जी ने तब उनसे कहा, "अब मैं अपकी सफलता का राज जानता हूँ।"

अगर कोई सांसारिक लक्ष्य के प्रति समर्पित हो सकता है और, टैगोर के जैसे, बड़ी सफलता पा सकता है, जो जरा सोचिए, आध्यात्मिक क्षेत्र में इंसान क्या कुछ कर सकता है। अगर हम दृढ़ संकल्प से, अपने ध्यानाभ्यास के प्रति समर्पित हो जाएँ, जैसे टैगोर अपने लेखन और सांसारिक कार्यों के प्रति समर्पित थे, तो हम भी सफल हो सकते हैं। समस्या यह नहीं है कि हम आध्यात्मिक विकास की सामर्थ्य नहीं रखते क्योंकि यह उपहार हममें से हर एक को प्राप्त है पर समस्या यह है कि हममें समर्पण नहीं है। एक दिन हम कुछ मिनटों के लिए ध्यान टिकाते हैं, फिर अगले कुछ दिनों के लिए बिलकुल ध्यानाभ्यास नहीं करते हैं और तब,

अगले दिन हम एक घंटा ध्यानाभ्यास करते हैं, और हो सकता है, किन्हीं खास दिनों में हम बार-बार लम्बे समय तक ध्यानाभ्यास करें। यह सच्चा समर्पण नहीं है। यह सिर्फ आधे मन से की गई कोशिश है। पर अगर हम नियमित रूप से प्रतिदिन ध्यानाभ्यास में उचित समय दें, तो हमें मनचाही तरक्की मिलेगी।

जो वास्तव में आध्यात्मिक विकास चाहते हैं, वे लक्ष्य के प्रति दृढ़ संकल्प रखकर इसे पा सकते हैं। अगर हम एक बार पक्का इरादा कर लें और इस पर उतनी दृढ़ता से डटे रहें, जैसे टैगोर अपने सांसारिक लक्ष्यों पर डटे थे, तब हम आंतरिक आध्यात्मिक मंडलों में उड़ रहे होंगे।

□□

जाने दें

17) पकड़े रखना और छोड़ देना

एक समय, एक इंसान अकेला रहता था। वह अपना धन एक खास सुराही में रखता था ताकि कोई भी उसे चुरा न सके। एक दिन, जब वह इंसान अपने खेतों में काम करने गया हुआ था, एक चोर उसके घर में घुस आया। जब वह चोरी लायक सामान ढूँढ रहा था, तो उसे पत्थर से बनी एक भारी सुराही दिखाई दी। वह उसे मुश्किल से हिला पाया और उसे सिक्कों की खन-खन सुनाई दी। वह सुराही को उठा नहीं पाया। अतः चोर ने सुराही में से पैसे निकालने के लिए अपना हाथ उसमें डाला। उसका हाथ मुश्किल से सुराही के अन्दर गया।

चोर ने अपनी मुट्ठी में, जितना ज्यादा से ज्यादा धन वह उठा सकता था, उठा लिया। पर जब उसने अपना हाथ बाहर खींचना चाहा, वह बाहर नहीं निकाल पाया। उसने अपने हाथ को बाहर खींचने की भरसक कोशिश की, पर मुट्ठी से उसका हाथ चौड़ा हो गया था। पैसे मुट्ठी में रखकर, वह सुराही की गर्दन से अपना हाथ निकाल नहीं पा रहा था। उसने पैसे छोड़ दिए और अपना हाथ बाहर निकल लिया। पर वह चोरी करने पर अड़ा था इसलिए उसने बार-बार कोशिश की। हर बार जब वह पैसे मुट्ठी में भर लेता, उसका हाथ चौड़ा हो जाता और वह सुराही से निकल नहीं पाता।

अचानक, उसे घर के मालिक की आवाज़ सुनाई दी। उसे पता था कि अगर वह सुराही से अपना हाथ नहीं निकालेगा, वह पकड़ा जाएगा। पर वह पैसों को बाहर निकालने पर इतना अड़ा था कि वह हार मानने को तैयार नहीं था। नतीजा यह हुआ कि मालिक घर में आ गया, उसे पकड़ लिया और पुलिस के हाथों सौंप दिया।

हम भी कहानी के चोर के जैसे हैं। इच्छाओं के कारण हमारा हाथ सुराही में फँस जाता है और हम पकड़े जाते हैं। इच्छाओं के कारण हम इस संसार से बँधे रहते हैं; इस संसार की वस्तुओं को छोड़कर ही हम मुक्त हो सकते हैं। जो भी चीज़ हमें इच्छाओं का दास बना देती है, वह हमें बाँध देती है। उसे हमें पकड़े नहीं रखना है, ताकि हम सच्ची मुक्ति का आनन्द उठा सकें। हमें पकड़ कर रखने की प्रवृत्ति को त्यागना है और चीजों को छोड़ देना है। तब हम आज़ादी की खुशी पाएँगे।

धन के पीछे भागकर चोर को किस प्रकार की खुशी मिली? उसकी बजाय, वह जेल में कैदी बन बैठा। हम भी इस भौतिक संसार की जेल में कैदी के माफिक हैं। हम अपना सारा समय उन चीज़ों के पीछे भागने में लगा देते हैं जो हमें खुशी नहीं देती हैं।

इस संसार में जो भी जड़ सामान हमारे पास है, वह और बंधन का कारण बन सकता है, अगर हम उससे जुड़ बैठें। उदाहरण के लिए, अगर हमें एक बड़ा घर चाहिए, तो हम अधिक लम्बे समय तक कामकाज करते हैं ताकि घर की किश्त चुका सकें। तब हमें उसमें रखने के लिए बहुत सारा फर्नीचर भी चाहिए। उसके लिए हमें और समय देकर धन कमाना होगा, फर्नीचर खरीदने के लिए समय निकालना होगा और उसकी सफाई और मरम्मत भी करनी होगी। इससे पहले कि हम समझ सकें, वह घर जो हमारे लिए आनन्द का साधन माना जाता था, हम उसके दास बन बैठते हैं। अब हमारे पास अपने परिवार, अपने बच्चों और अपने रचनात्मक शौक के लिए समय नहीं बचता, जिनसे कि हमें अधिक संतुष्टि मिलती थी। हम अपना सारा समय उन चीजों के पीछे लगा देते हैं, जो हो सकता है, हमें सच्ची और स्थायी खुशी न दें।

इसी प्रकार, हो सकता है, हम एक कम्प्यूटर खरीदना चाहें ताकि हमें नवीनतम तकनीक की जानकारी रहे। हम पाते हैं कि उसके लिए सभी उचित 'सॉफ्टवेयर' और यंत्रों को खरीदने के लिए हमें ज्यादा मेहनत करनी पड़ रही है। जल्द ही, हम महसूस करते हैं कि हम एक सादे कम्प्यूटर से खुश नहीं हैं। हम उसे अधिक तेज और जटिल कम्प्यूटर में बदलना चाहते हैं। आगे, हम पाते हैं कि जिस कम्प्यूटर से हमारा समय बचना चाहिए था, वही हमारा सारा समय ले रहा है। हमें कम्प्यूटर को सीखने के लिए घंटों लगाने पड़ते हैं। हम इन्टरनेट को खोजने में घंटों खर्च कर देते हैं। ई-मेल, जिसके द्वारा एक दूसरे से सम्पर्क अधिक तेज हो गया है, हमारा अधिक, और अधिक समय ले लेती है। अचानक, हम पाते हैं कि हमें प्रतिदिन पचास व्यक्ति ई-मेल भेज रहे हैं और वे आशा करते हैं कि हम तुरन्त उसका उत्तर भी दें। अगर हम उनको एकदम से उत्तर नहीं देते तो वे हम पर असंवेदनशील और उदासीन होने का आरोप लगा देते हैं। जल्दी ही हम कम्प्यूटर पर घंटों खर्च करने लगते हैं। हम अपनी जायदादों के गुलाम बन बैठे हैं।

हम अपने बन्धन कैसे खत्म कर सकते हैं? हमें छोड़ देने और मुक्त हो जाने की जरूरत है। जब हम अस्थायी सामानों के लिए अपनी कामनाओं को त्याग देते हैं, तो हम मुक्त हो सकते हैं। तब हमारी आत्मा उस प्रेम और सौन्दर्य का

अनुभव कर सकती है, जो प्रभु हमें देना चाहते हैं। सच्ची खुशी तब मिलती है जब हम अपने अंतर में आनन्द के स्रोत यानी प्रभु से जुड़ते हैं। ऐसा करने के लिए, हमें अवश्य अपना ध्यान सांसारिक आकर्षणों से हटाना होगा और अपनी आत्मा को सुनना होगा। प्रभु की मधुर धुनें सदा हमारे अन्तर में जारी रहती हैं। ज्योति और प्रेम हमारे अन्तर में जगमगाते रहते हैं। संसार की ओर से अपना ध्यान हटाकर हम सिक्कों से भरी अपनी मुट्ठी खोल देते हैं जिसकी वजह से हमारा हाथ सुराही में फँसा रहता है। चीजों को छोड़ने से हम शाश्वत मुक्ति पा लेते हैं।

ध्यानाभ्यास में बैठकर, सभी सांसारिक इच्छाओं और मोह से मुक्त होकर, हम छोड़ना सीख सकते हैं और अपने आप को मुक्त करके, वापिस प्रभु की ओर उड़ान भर सकते हैं।

□□

दृढ़ता

18) दृढ़ता से सफलता मिलती है

एक पुरातन कथा हमें एक बूढ़े कौवे के बारे में बताती है। कौवा जंगल में धूम रहा था कि उसे प्यास लगी। उसने कई दिनों से कुछ भी नहीं पिया था। अन्त में, उसे एक घड़ा मिला, जिसकी तली पर थोड़ा सा पानी था। कौवे ने पानी पीने के लिए अपनी चोंच घड़े में डाली पर वह घड़े की तली तक नहीं पहुँच सका। पहले उसे समझ नहीं आया कि वह क्या करे। उसे लगा कि अब उसे पानी नहीं मिल पाएगा। तब उसे एक उपाय सूझा। वह एक-एक करके, घड़े में छोटे-छोटे कंकड़ डालने लगा। जैसे हर एक कंकड़ घड़े में गिरता, तली का पानी हल्का सा ऊपर आ जाता। एक-एक करके वह कंकड़ घड़े में डालता रहा। कुछ समय तक यह कोशिश बेकार लगी क्योंकि अब भी वह पानी तक नहीं पहुँच सका था। पर जब प्रचुर मात्रा में कंकड़ डाले गए, पानी ऊपर आ गया और पक्षी पानी पी सका और अपनी प्यास बुझा सका।

यह अवस्था, ध्यानाभ्यास में बिताए गए समय के जैसी है। हमें लग सकता है कि हर घंटा बेकार जा रहा है और हम तरक्की नहीं कर रहे हैं। पर शुरू की अवस्थाओं में हम नतीजे नहीं देख करते हैं। अन्त में, नियम से विधि पूर्वक किए गए ध्यानाभ्यास के घंटे अचानक इकट्ठे हो जाएँगे और हम पाएँगे कि हम अपने ध्यानाभ्यास में तेजी से तरक्की करनी शुरू कर देंगे।

हमें निराश नहीं होना चाहिए और अवश्य ही ध्यानाभ्यास पूरी तरह छोड़ना नहीं चाहिए। हमें अपने ध्यानाभ्यास में दृढ़ता से लगे रहना चाहिए और एक दिन हमें आश्चर्य होगा, अध्यात्म का अमृत जल ऊपर उठेगा और हम उसे जी भरकर पी सकेंगे।

□□

आशावाद

19) हर वस्तु में अच्छाई देखो

अनेक व्यक्तियों की प्रवृत्ति होती है कि वे आधा भरे गिलास को आधा खाली के रूप में देखते हैं, आधा भरा नहीं। किसी परिस्थिति को जब हम देखते हैं तो आम प्रवृत्ति उसके अच्छे पक्ष को देखने की बजाय, उसके बुरे पक्ष को देखने की होती है।

साहित्य में एक पात्र, 'रोबिन्सन क्रूसो' से जुड़ी एक शिक्षा प्रद कहानी है। वह एक रेतीले द्वीप पर फँस गया था और उसे वहाँ ज़िन्दा रहने के लिए रास्ता ढूँढना था।

जब वह द्वीप पर था, उसने दो सूचियाँ बनाई। एक को वह 'अच्छी' कहता था और दूसरी को 'बुरी'। उसने अपनी अवस्था के बारे में सोचा और उसके साथ जो कुछ हो रहा था, उसे एक या दूसरी सूचि में लिखने लगा। उसने यह लिखा- "मैं इस सुनसान द्वीप पर फँसा हुआ हूँ, जो कि बुरा है पर मैं जीवित हूँ, जो कि अच्छा है। जहाज पर जितने अन्य व्यक्ति थे, वे मर गए पर मैं बच निकला।"

आगे, उसने लिखा, "मैं बिलकुल अकेला हूँ, जोकि बुरा है। पर मैं भूखा नहीं मर रहा हूँ, जो कि अच्छा है।"

जैसे उसने अपनी अवस्था के बारे में आगे सोचा तो उसने लिखा, "मेरे पास कोई कपड़ा नहीं है, जो कि बुरा है। पर साथ ही, यहाँ इतनी गर्मी है कि मुझे कपड़ों की जरूरत नहीं है, इसलिए यह अच्छा है।"

तब, उसने लिखा, "जानवरों से अपनी रक्षा करने के लिए मेरे पास कोई हथियार नहीं है, जो कि बुरा है। पर समुद्र के किनारे यहाँ कोई जंगली जानवर नहीं है, जो कि अच्छा है।"

अन्त में, उसने लिखा, "मेरे पास बात करने के लिए कोई भी नहीं है, जो कि बुरा है। पर जहाज समुद्र-किनारे के पास पड़ा है और अपनी बुनियादी जरूरतों का सामान में जहाज में से ला सकता हूँ, जो कि अच्छा है।"

अपनी सूचि बना लेने के बाद, रोबिन्सन क्रूसो ने यह फैसला किया कि कोई भी परिस्थिति इतनी खराब नहीं होती कि उसमें इंसान को प्रभु का कृतज्ञ होने

का कोई भी कारण न मिले। हर किसी परिस्थिति में एक आशा की किरण थी। यह मनोवत्ति सही है और इससे बहुत सा समय चिन्ता, उदासी, निराशा या तनाव में बीतने से बचता है। इसकी बजाय, अपने आध्यात्मिक लक्ष्य पर टिके रहकर, यह समय हम प्रभु को पाने में लगा सकते हैं।

जब भी हम अपनी परिस्थिति पर खीजते हैं या उसकी शिकायत करते हैं तो हम अपना बहुमूल्य समय नष्ट करते हैं।

दो व्यक्ति एक ही पार्टी में जाते हैं। एक अपना समय वहाँ उपस्थित सभी व्यक्तियों में गलतियाँ ढूँढने में लगा देता है, भोजन की शिकायत में लगा देता है और वह असंतुष्ट रहता है क्योंकि उसकी उम्मीद पूरी नहीं होती है। वहीं, दूसरा व्यक्ति वहाँ उपस्थित लोगों से मिलकर खुश हो सकता है और वहाँ परोसे गए व्यन्जनों में से अपनी पसन्द की चीजों का आनन्द उठा सकता है। दोनों एक ही वातावरण में हैं। एक देख रहा है कि क्या-क्या कमियाँ हैं और दूसरा देख रहा है कि वहाँ क्या-क्या अच्छा और आनन्दायी है। जब वे दोनों पार्टी से जाएँगे तो एक कहेगा कि उसे बहुत खराब लगा जबकि दूसरा कहेगा कि उसे बहुत मज़ा आया। पार्टी के अन्त में कौन अधिक प्रफुल्लित और खुशहाल महसूस करेगा?

ऐसे ही, प्रतिदिन हम अनेक परिस्थितियों का सामना करते हैं। हम चुनाव कर सकते हैं कि हम बुराइयों को देखें और अपना बाकी बचा समय शिकायतों में और निराशा में गुज़ार दें या फिर हम अच्छाइयों पर अपना ध्यान दें और उनसे खुशी और आनन्द पाएँ।

सकारात्मक और आध्यात्मिक बनने पर ध्यान देकर और आध्यात्मिक विचारों में समय लगाकर हम रूहानी तौर से विकसित हो सकते हैं। अगर हम अपना ध्यान उन नकारात्मक विचारों पर टिकाएँगे जो हमारे दिमाग में घूमते हैं, तो हम अपना बहुमूल्य समय गँवा देंगे जो कि हम प्रभु की याद में गुजार सकते थे।

हर चीज में अच्छाई को देखो। जब हम कठिनाइयों का सामना करें, तब भी हम बेहतर पक्ष को देख सकते हैं और अपने बहुमूल्य इंसानी जीवन का सर्वोत्तम लाभ उठा सकते हैं।

□□

निस्स्वार्थ सेवा

20) सेवा से प्रभु का आशीष मिलता है

जो भी महानतम कार्य एक इंसान कर सकता है, उनमें से एक है, दूसरों की सेवा करना। संत कृपाल सिंह जी महाराज कहा करते थे, "दे, दे और दे।" अनेक व्यक्ति देने से डरते हैं क्योंकि उन्हें चिन्ता हो जाती है कि उनके पास कम बचेगा। वे यह नहीं जानते कि सृष्टि में 'Law of abundance' या 'बहुतायत का नियम' कार्य करता है। जब हम निस्स्वार्थ भाव से बिना माँगे देते हैं तो अन्त में हमारे पास अधिक रहता है।

इस बात को समझाने के लिए एक अद्भुत किस्सा है। एक समय अरब में एक बूढ़ा इंसान रहता था। उसके तीन बेटे थे। जब उसका अन्त समय आया तो उसने अपने पुत्रों को अपने पास बुलाया और उनसे कहा, "जब मैं मर जाऊँ तो तुम मेरे सामान को बाँट लेना।"

अपने सबसे बड़े बेटे की ओर मुड़कर उसने कहा, "मैं चाहता हूँ कि तुम मेरी आधी दौलत ले लेना।"

अब वह बीच वाले बेटे की ओर मुड़ा और बोला, "मैं चाहता हूँ कि तुम्हें मेरी एक तिहाई दौलत मिले।"

अन्त में वह अपने सबसे छोटे बेटे से बोला, "तुम्हें मेरी दुनियावी दौलत का नौवाँ हिस्सा मिलेगा।"

थोड़ी देर बाद ही, बूढ़ा व्यक्ति मर गया। जब उसकी जायदाद का हिसाब देखा गया, तो मिला कि उसके पास सिर्फ सतरह ऊँट थे। पुत्रों ने विचार-विमर्श करना शुरू कर दिया कि उन सतरह जानवरों को कैसे बाँटा जाए।

जल्दी ही उन्होंने पाया कि ऊँटों को बिलकुल उस तरह से बाँटना असम्भव था जैसा कि उनके पिता ने कहा था। वे अपने-अपने हिस्से के लिए आपस में लड़ने लगे। उन्हें समझ नहीं आ रहा था कि क्या करें, अतः सलाह के लिए वे अपने पिता के एक वृद्ध मित्र के पास पहुँचे।

मित्र ने पाया कि सतरह ऊँटों का आधा, तिहाई या नौवाँ हिस्सा नहीं हो सकता है। उसने कुछ देर सोचा और कहा, "मैं गरीब हूँ। मेरे पास सिर्फ एक ऊँट है। पर अगर मैं अपना ऊँट तुम्हारे झुन्ड में मिला दूँ तो तुम ऊँटों को अपने पिता

की इच्छा के अनुसार बाँट सकते हो और आपस में सामन्जस्य रख सकते हो।"

जब उसने अपना ऊँट सतरह में जोड़ा तो अठारह ऊँट हो गए जो कि बच्चों के पिता की इच्छा अनुसार आसानी से बाँटे जा सकते थे। सबसे बड़े को उसने आधे दे दिये जो कि नौ ऊँट बैठे। बीच वाले को उसने एक तिहाई दे दिए जो कि छः ऊँट बैठे। सबसे छोटे को उसने नौवाँ हिस्सा दिया जो कि दो ऊँट बैठे। बच्चे खुशी-खुशी चले गए।

जब बूढ़ा व्यक्ति वापिस मुड़ा तो आश्चर्यचकित रह गया, उसका अपना ऊँट बच गया था! उसने प्रभु का शुक्रिया अदा किया और कहा, "हे खुदा, आपकी समझ सबकी समझ से ऊपर है।"

यह कहानी दर्शाती है कि जब हम देते हैं तो हम कभी नुकसान में नहीं रहते हैं। बूढ़ा व्यक्ति इतना निस्स्वार्थी था कि वह अपनी अकेली सम्पत्ति, ऊँट को, अपने मित्र की इज्जत के लिए और उसके बेटों के बीच सामन्जस्य पैदा करने के लिए, कुर्बान करने को तैयार था। पर अन्त में यह पता चला कि सिर्फ झुन्ड को बाँटने के लिए ऊँट की मदद चाहिए थी, वरना वास्तव में उसकी जरूरत नहीं थी। इसलिए, मित्र के पास उसका अपना ऊँट बचा रहा गया।

हो सकता है, हमें भी किसी जरूरतमंद की मदद करने का अवसर मिला हो, कुर्बानी का मौका मिला हो, जिसमें हमारी दी गई वस्तु हमें लौटा दी गई हो, या फिर हालात बदल गए हों और हमें वह वस्तु देने की जरूरत ही न रही हो। फिर भी हमें दूसरों की सेवा से संतुष्टि का उपहार मिला था। हमें महसूस होता है कि ऊपर से प्रभु के आशीर्वाद हम पर बरस रहे हैं। हम प्रभु का धन्यवाद करते हैं कि हमने स्वार्थी रहने के बजाय, सेवा करने का चुनाव किया।

दूसरों को देने से बढ़कर कोई और खुशी नहीं है। जो सभी निस्स्वार्थ भाव से देते हैं, उन्होंने पाया होगा कि देने से कभी भी कोई घाटे में नहीं रहता है। हम पाते हैं कि बिन माँगे अधिक-और अधिक आशीर्वाद हम पर बरसते हैं और हमारे हृदय प्रभु-प्रेम से भर जाते हैं।

□□

21) प्रभु के रूप अनेक

हर रात एक धार्मिक परिवार के सदस्य जब भोजन के लिए बैठते तो वे प्रार्थना करते थे। पिता प्रार्थना के अन्त में प्रभु का आह्वान करता कि प्रभु परिवार के अतिथि बनकर आएँ और उनके भोजन को आशीष दें। हर रात, खाना खाने से पहले पिता एक जैसे लफ्जों के साथ प्रार्थना को खत्म करता। हर रात किशोर पुत्र इस प्रार्थना को ध्यान से सुना करता।

एक दिन, किशोर बालक ने अपने पिता से पूछा, "आप हर रात प्रभु को आने के लिए क्यों पूछते रहते हो, जब प्रभु कभी आते नहीं हैं?"

पिता के पास कोई उत्तर न था, फिर भी उन्होंने कहा, "देखो बेटा, हम इंतजार करते रहेंगे। मुझे विश्वास है कि प्रभु हर रात हमारे निमन्त्रण को सुनते हैं।"

बेटा बोला, "अच्छा पिताजी, अगर आपको सचमुच उम्मीद है कि प्रभु रात्रि-भोजन के लिए आएँगे तो ऐसा कैसे है कि आपने मेज पर भगवान के लिए कभी कोई स्थान सुरक्षित नहीं रखा है? अगर आप वास्तव में चाहते हैं कि प्रभु आएँ तो हमें भगवान के लिए कोई स्थान चुनकर रखना होगा।"

पुत्र की तीखी टिप्पणी और प्रश्नों से पिता लज्जित हो गया। उसके प्रश्नों पर विराम लगाने के लिए, पिता ने मेज पर प्रभु के लिए एक स्थान सुरक्षित कर दिया। वहाँ उसने चाँदी के उत्तम बर्तन, एक प्लेट, एक रूमाल और एक गिलास सजा दिया। जैसे ही उसने मेज पर सामान सजाया, दरवाजे पर खटखटाहट हुई। बालक यह सोचकर उत्तेजित था कि अब प्रभु आ जाएँगे।

जब उसने दरवाजा खोला, तो वहाँ उसने एक छोटे बेघर बच्चे को खड़ा पाया। वह काँप रहा था क्योंकि बाहर बहुत ठण्ड थी। पहले तो बेटे को धक्का लगा क्योंकि उसे प्रभु के दर्शनों की उम्मीद थी। पर फिर उसने क्षण भर सोचकर कहा, "मेरे ख्याल में प्रभु आज नहीं आ पाए पर उन्होंने अपनी जगह इस बच्चे को भेज दिया है। अन्दर आ जाओ।" और उसने मेज पर प्रभु के लिए सुरक्षित स्थान पर बच्चे को बिठा दिया।

यह किस्सा हमें याद दिलाता है कि हमें कभी पता नहीं होता कि प्रभु

किस रूप में हमारे पास आएँगे। कई व्यक्ति सिर्फ प्रत्यक्ष रूप से प्रभु की सेवा करना चाहते हैं। हम यह नहीं समझते कि प्रभु की सृष्टि की सेवा भी प्रभु का ही कार्य है। प्रतिदिन ज़िन्दगी हमें दूसरी की मदद करने के अवसर प्रदान करती है। जब हम दूसरों की मदद करते हैं, हम प्रभु के बच्चों की मदद करते हैं। सभी प्रभु के अंश हैं। जब हम किसी को दुत्कारते हैं तो हम प्रभु के एक बच्चे को दुत्कारते हैं। हम कैसे उम्मीद कर सकते हैं कि प्रभु हमसे खुश होंगे, जब हम प्रभु की एक संतान की मदद नहीं करते हैं?

सन्त-सत्गुरु निष्काम सेवा के मूर्तरूप होते हैं। वे अपनी ज़िन्दगी औरों के लिए कुर्बान कर देते हैं। बार-बार वे अपना कामकाज छोड़कर दूसरों की जरूरत में मदद करने जुट जाते हैं। वे अपने समाज के सक्रिय सदस्य होते हैं और जो भी उनके पास आता है, वे उसकी मदद करते हैं।

अध्यात्म, दूसरों की मदद करने से दूर भागना नहीं है। इसका अर्थ है, दूसरों की जरूरतों को समझना, उनके प्रति संवेदनशील होना। जैसे कि महान सूफी शायर, सन्त दर्शन सिंह जी महाराज ने कहा है:

जुस्तजू चाँद सितारों की तो जारी है मगर
आज इन्सां को कहाँ है दिले-इन्सां की खबर।

जब हम ध्यानाभ्यास के द्वारा आध्यात्मिक रूप से विकसित होने की कोशिश में हों, हमें अपने दिल को विशाल कर, उसमें पूरी सृष्टि को एक परिवार के जैसे समाने की कोशिश करनी चाहिए। हम पाएँगे कि बदले में अपने लिए कुछ पाने की इच्छा के बिना, हम दिल से दूसरों की सेवा करने लगेंगे। जब हम ऐसा करेंगे, हम पाएँगे कि हम सचमुच प्रभु की खुशी पा लेंगे।

□□

ईमानदारी और सच्चाई

22) स्वयं के प्रति सच्चे बनो

आत्मा का एक दिव्य गुण है सच्चाई या सत्यता। हालाँकि आत्मा सच्चाई के रास्ते पर चलती है पर मन धोखाधड़ी और झूठ का खेल खेलता है। आध्यात्मिक उन्नति के लिए हमें अपनी आत्मा को पहचानना होगा। इसके लिए हमें सच्चाई का सद्गुण धारण करना होगा।

हमारे पास महात्मा गाँधी का उदाहरण है जिन्होंने सच्चाई का रास्ता अपनाया था। वे सच्चाई की कदर करते थे। देश को आज़ादी दिलाने के लिए उनके अहिंसक आन्दोलनों के दौरान, एक बार उन्हें एक जेल में बन्द कर दिया गया। इस खास जेल के नियमों में से एक था कि कैदियों को कोई अखबार या बाहरी संसार की कोई भी खबर नहीं दी जा सकती थी। एक बार, एक चिकित्सक, जो गाँधी जी का मित्र था, जेल में उनसे मिलने आया। उनके अहिंसक आन्दोलन से सम्बन्धित कोई खबर थी जो चिकित्सक को लगा कि गाँधी जी को पता होनी चाहिए। यह नियम जानते हुए कि कैदियों को बाहर संसार की खबर नहीं मिल सकती, चिकित्सक, जो कि एक अखबार साथ लाया था, ने अपने कुछ पर्चे निकाले और उन्हें गाँधी जी की खाट पर रख दिया। चिकित्सक गाँधी जी से उनके स्वास्थ्य और सुविधाओं के बारे में बातें करने लगा। जब चिकित्सक के जाने का समय आया, उसने चारपाई से अपने सारे कागज उठाकर जेब में रख लिए पर अखबार वहीं छोड़ दिया।

जब गाँधी जी ने अखबार वहाँ पड़ा हुए देखा तो उन्होंने उसे पढ़ने से मना कर दिया। वास्तव में, वे इतने ईमानदार थे कि वे अखबार की ओर मात्र देखकर भी जेल के नियमों का उल्लंघन नहीं करना चाहते थे। अतः बिस्तर पर पड़े अखबार की ओर से उन्होंने अपनी पीठ कर ली और सारी रात अपनी कोठड़ी के कोने की ओर देखते रहे। वे रात भर बैठे रहे और उनका चेहरा कोने की ओर रहा ताकि वे अखबार को देख या छू न लें।

अगली सुबह, चिकित्सक गाँधी जी से मिलने वापिस आया। उसने देखा कि अखबार खाट पर वहीं पड़ा था, जहाँ वह पहली रात छोड़ गया था। चिकित्सक बोला, "क्षमा करना, मैं गलती से अखबार यहाँ छोड़ गया था।"

गाँधी जी के चेहरे पर मुस्कराहट आ गई और उन्होंने उत्तर दिया, "हाँ, तुमने मुझे पूरी रात एक कोने में गुजारने की सजा दे डाली।"

गाँधी जी की ईमानदारी ऐसी थी कि चाहे किसी ने भी उन्हें अखबार पढ़ते नहीं देखा, तो भी वे बेईमान नहीं होना चाहते थे, क्योंकि उन्हें स्वयं तो पता होता कि कैद के दौरान उन्होंने जेल के नियमों का उल्लघंन किया है। हममें से कितने इस प्रकार की ईमानदारी से जीते हैं?

हम यह समझते हैं कि हम दूसरों से अपने कार्य छुपा सकते हैं पर हम प्रभु से और स्वयं अपनी आत्मा से कुछ नहीं छुपा सकते। हमें अपने कर्मों का फल भुगतना होता है। ईमानदारी आत्मा का गुण है। जब भी हमें यह चुनाव करना होता है कि हम ईमानदार रहें या बेईमान हो जाएँ तो हम अपनी आत्मा की बात सुन सकते हैं या फिर मन की। मन हमें बेईमानी की ओर ले जाता है और उसके लिए हमें कई बहाने बताता है। इसके पास हजारों तर्क होते हैं कि हमें झूठ क्यों बोलना चाहिए, धोखा क्यों देना चाहिए या चोरी क्यों करनी चाहिए। पर आत्मा केवल ईमानदारी जानती है।

अगर हम आध्यात्मिक रूप से तरक्की करना चाहते हैं तो हमें अपनी आत्मा को अधिक से अधिक जानना चाहिए। अपनी असली अवस्था के नजदीक आने यानी अपने अंतर की आत्मा के नजदीक आने का अर्थ है कि हम अपने कार्य-व्यवहार में ईमानदार हो जाएँ। क्या छोटे-मोटे झूठ या बेईमानी से अपनी आध्यात्मिक तरक्की में रुकावट डालना उचित है? क्या धोखाधड़ी से थोड़ा धन कमा कर अपनी आत्मा और परमात्मा के मिलन में बाधा डालना और अपने अन्तर के सच्चे आध्यात्मिक धन से वंचित रहना उचित है? अन्तर के खजाने शाश्वत हैं और हमारे साथ सदा रहेंगे।

□□

23) सत्य सदा प्रकट हो जाता है

जो व्यक्ति आध्यात्मिक उपलब्धियों को पाना चाहते हैं, वे सच्चाई के गुण का आदर करते हैं। दैनिक जीवन में हमें चुनाव करना होता है कि हम सत्य कहें या झूठ बोलें। अनेक लोग समझते हैं कि अगर वे झूठ बोलते हैं या दूसरों को धोखा देते हैं तो कभी भी कोई पता नहीं लगा पाएगा। इसलिए, स्वयं के लिए कुछ पाने हेतु या किसी चीज़ से छुटकारा पाने हेतु, लोग अक्सर झूठ बोल देते हैं। हम यह नहीं समझते कि सत्य हमेशा किसी न किसी प्रकार से प्रकट हो जाता है। जल्दी या देर से, सच बाहर आ जाएगा। जब हर कार्य-व्यवहार में हम सच्चे रहते हैं तो हमें किसी से भी डरने की और कुछ भी छुपाने की जरूरत नहीं रहती। दूसरे व्यक्ति हमारा आदर करते हैं, हम पर भरोसा करते हैं और जब हम आध्यात्मिक साम्राज्य में पहुँचने की कोशिश करते हैं तो हमारी सलेट साफ होती है।

अकबर और बीरबल के ज़माने की एक कहानी है जो हमें, अपने हर कार्य-व्यवहार में सच्चे रहने की महत्ता को दर्शाती है। एक धार्मिक व्यक्ति था जो तीर्थ-यात्रा पर जाना चाहता था। वह अपने जीवन भर की जमा पूँजी को किसी भी हालत में खोना नहीं चाहता था, इसलिए वह अपने एक मित्र के पास पहुँचा और उसने उसे कहा कि वह उस पूँजी को अपने पास तब तक रखे रहे, जब तक वह तीर्थ-यात्रा से वापिस न आ जाए। उसने अपने मित्र को जंगल में उससे मिलने को कहा ताकि बिना किसी के जाने, वह चुपचाप मित्र को अपनी इच्छा बता सके। इसलिए वह इंसान और उसका मित्र जंगल में पहुँचे।

धार्मिक व्यक्ति बोला, "मैं तीर्थ यात्रा पर जा रहा हूँ पर मुझे पता नहीं, मैं कब वापिस आऊँगा। क्या तुम दया करके मेरी कुल जमा पूँजी का यह थैला अपने पास सुरक्षित रख लोगे, जब तक मैं वापिस न आ जाऊँ? जब मैं वापिस आऊँगा, तब तुमसे यह ले लूँगा।" मित्र ने उसके धन की रखवाली करने की जिम्मेदारी ले ली और उससे उसका थैला ले लिया। अगले दिन धार्मिक व्यक्ति तीर्थ यात्रा पर चल दिया।

कई वर्ष बीत गए पर धार्मिक व्यक्ति वापिस नहीं आया। फिर, एक सुबह वह व्यक्ति बूढ़ा होकर, तीर्थ यात्रा से वापिस आया और उसने अपने मित्र का दरवाजा खटखटाया।

"मैं अपनी तीर्थ यात्रा से लौट आया हूँ और मुझे अपना धन वापिस चाहिए", धार्मिक व्यक्ति बोला। मित्र ने विषय बदल दिया और वह दूसरी चीजों की बातें करने लगा। धार्मिक व्यक्ति बार-बार अपने धन के विषय पर लौट आता, पर उसका मित्र हर बार विषय को बदलता रहा।

अन्त में, बूढ़े व्यक्ति ने फिर कहा, "क्या मैं अपना धन वापिस ले सकता हूँ?"

मित्र ने कहा, "मुझे नहीं पता, तुम क्या बात कर रहे हो। तुमने मुझे कभी कोई धन नहीं दिया।"

बूढ़े व्यक्ति को झटका लगा और वह चिल्लाया, "मैंने कभी सोचा न था कि मेरे दोस्त होकर तुम इस तरह से पेश आओगे। कृपया मेरे पैसे लौटा दो जो मैं तुम्हें रखवाली करने के लिए दे गया था।"

मित्र बोला, "क्या तुम पागल हो? तुम अवश्य ही ख्याली पुलाव बना रहे हो। तुमने मुझे कभी कोई धन नहीं दिया है। तुम झूठ बोल रहे हो।"

व्यक्ति बार-बार अपने पैसों के लिए मिन्नतें करता रहा पर मित्र ने उसे अपने घर से बाहर निकाल दिया। निराश होकर, धार्मिक व्यक्ति ने बादशाह अकबर के आगे अपनी समस्या रखने का फैसला किया। बादशाह ने बूढ़े व्यक्ति की कहानी को धैर्य और ध्यान से सुना। तब उसने अपने सबसे समझदार सलाहकार, बीरबल को बुलाया और उसे उसकी समस्या सुलझाने के लिए कहा।

बीरबल ने बूढ़े व्यक्ति की शिकायत को सुना और फिर उसके मित्र को बुला लिया।

जब मित्र पहुँचा, तो बीरबल ने उससे पूछा कि क्या बूढ़े इंसान ने उसे कोई धन दिया है।

मित्र ने उत्तर दिया, "श्रीमान, यह बहुत झूठा है। इसने मुझे कभी कुछ नहीं दिया।"

बीरबल परेशान सा दिखा और बूढ़े व्यक्ति की ओर मुड़कर बोला, "तुम कहते हो कि तुमने उसे एक थैला दिया था, जिसमें धन था। क्या तुम्हारे पास कोई गवाह है?"

बूढ़ा व्यक्ति बोला, "मेरे पास कोई गवाह नहीं है क्योंकि मैंने इस आदमी को थैला एक जंगल में दिया था, एक आम के पेड़ के नीचे।"

बीरबल बोला, "तुम बेवकूफ हो जो कहते हो कि तुम्हारे पास कोई गवाह नहीं है। क्या तुम इस मामले में आम के पेड़ से मदद नहीं ले सकते हो? तुरन्त आम के पेड़ के पास जाओ और उसे कहो कि बीरबल ने इस मामले में उससे यहाँ

आने का आग्रह किया है। जल्दी जाओ।" बूढ़ा आदमी बीरबल के इस आग्रह से आश्चर्यचकित हुआ पर उसने वही किया, जिसका उसे आदेश दिया गया था। वह आम के पेड़ को गवाह के रूप में लाने के लिए जंगल की ओर चल दिया।

इस दौरान, बीरबल ने मित्र को अपने पास बैठा लिया। एक घंटा बीत गया। जब बूढ़ा आदमी वापिस नहीं आया, तो बीरबल अपने आप से जोर-जोर से बात करने का नाटक करने लगा। उसने कहा, "वह बूढ़ा आदमी इतना समय क्यों ले रहा है? वह इस छोटे से काम में इतना अधिक समय लगा रहा है।"

मित्र बोल पड़ा, "पर श्रीमान, वह शायद इतनी जल्दी वापिस नहीं आ सकता है। वह तो अभी वहाँ तक पहुँचा भी नहीं होगा।"

बीरबल ने उससे पूछा, "तुम्हारा क्या मतलब है? क्या तुम यह कहना चाहते हो कि वह जगह यहाँ से इतनी ज्यादा दूर है कि वहाँ तक पहुँचने में उसे बहुत समय लगेगा?"

"हाँ", मित्र ने जवाब दिया, "वह जगह, जहाँ उस बूढ़े व्यक्ति के अनुसार, उसने मुझे पैसे दिये थे, यहाँ से बहुत दूर है।"

"अच्छा, मैं समझ गया", बीरबल बोला, फिर वह चुप हो गया।

बहुत देर बाद , वह बूढ़ा आदमी हाँफता हुआ वहाँ पहुँचा। वह बीरबल से बोला, "श्रीमान, मैंने आपका सन्देश पेड़ को दिया, पर उसने मुझे कुछ भी नहीं कहा।"

बीरबल बोला, "इसकी फिक्र नहीं करो। पेड़ पहले ही मुझे सिद्ध कर चुका है कि इस इंसान ने तुमसे पैसों का थैला लिया था।"

बीरबल मित्र की ओर मुड़ा और बोला, "तुम्हारे पास अपना गुनाह कबूल करने का और पैसे वापिस करने का एक और मौका है।"

पर मित्र जोर देकर बोला, "पर उसने मुझे कभी पैसे दिए ही नहीं।"

अन्त में, बीरबल बोला, "अगर ऐसा है, तो तुम्हें कैसे पता चला कि जिस पेड़ के नीचे यह तुम्हें थैला देने की बात कह रहा है, वह यहाँ से बहुत दूर है? क्या तुम अब अपना गुनाह कबूल करने को तैयार हो?"

इस मौके पर, मित्र ने यह महसूस किया कि वह स्वयं अपने झूठ में फँस गया है और उसने झुककर बीरबल के पैर छुए और माफी माँगी। तब उसने बूढे व्यक्ति का धन उसे वापिस कर दिया।

यह कहानी दर्शाती है कि जिस सत्य को हम छुपाना चाहते हैं, वह जल्दी या देर से, प्रकट हो जाएगा। जब हम झूठ बोलते हैं, तो हमें पहले झूठ को छुपाने के लिए अनेक और झूठ बोलने पड़ते हैं। इतने सारे झूठों को मन में याद रखना

बहुत कठिन होता है। जबकि सच एक होता है और याद रखना आसान होता है, झूठ एक उलझा हुआ जाल बुनता है जिसके हर रेशे को हमें याद रखना पड़ता है। जब हमें डर होता है कि किसी को सच पता लग जाएगा तो शान्ति से सो पाना मुश्किल होता है। इस डर से जीने की बजाय कि कोई हमारा झूठ जान जाएगा, बेहतर होगा कि हम सच बोलें और बात वहीं खत्म कर दें ताकि शान्ति से सो सकें और ध्यानाभ्यास कर सकें।

आध्यात्मिक विकास इस बात पर निर्भर करता है कि मन स्थिर हो, मानसिक उलझनों और मोह से मुक्त हो। झूठ एक अनावश्यक उलझन है जो हमारी एकाग्रता और समय को बर्बाद करती है और हमारे मन की शान्ति को भंग करती है, जो वापिस प्रभु तक जाने के लिए जरूरी है। झूठ बोलने से पहले पुनर्विचार करके, हम शान्ति का जीवन जी सकते हैं और प्रभु तक वापिस जाने की यात्रा को तेज कर सकते हैं।

□□

नम्रता

24) नम्रता की शक्ति

सिपाहियों की एक पलटन युद्धक्षेत्र में एक किले की दीवारों के लिए, एक भारी-भरकम लट्ठे को उठाने का प्रयास कर रही थी, ताकि उसे एक भित्ति-पातक (battering ram) बनाया जा सके। बग़ल में एक नायक खड़ा था, सिपाहियों को अधिक शक्ति से लट्ठे को उठाने का आदेश देने के लिए। इतने में एक अनजान घुड़सवार व्यक्ति उस दृश्य का अवलोकन करते हुए वहाँ से गुज़रा।

उसने नायक से कहा, "क्या तुम्हें नहीं लगता कि यदि तुम भी उनकी मदद करो, तो हो सकता है कि एक अतिरिक्त व्यक्ति की शक्ति से लट्ठे को उठाया जा सके। क्यों न तुम भी उनकी मदद करो?"

नायक ने कहा, "यह मेरी ज़िम्मेदारी नहीं है। मैं एक नायक हूँ। इस काम को करना उनकी ज़िम्मेदारी है। यह एक नायक का काम नहीं है।"

यह सुनकर, अनजान व्यक्ति घोड़े से उतरा, और उन सिपाहियों की टोली में जुट गया और उनकी लट्ठे को उठाने में मदद करी। एक अतिरिक्त व्यक्ति की ताकत लट्ठे को उठाने के लिए पर्याप्त थी। काम पूरा कर लेने पर, अनजान व्यक्ति अपने घोड़े पर चढ़ गया।

लौटने से पहले, अनजान व्यक्ति ने नायक की ओर मुड़कर कहा, अगली बार, जब तुम्हें किसी लट्ठे को उठाने की ज़रूरत पड़े, तो अपने सेनापति को बुला लेना।

तब जाकर सिपाहियों को बोध हुआ कि अनजान व्यक्ति सेनापति जॉर्ज वॉशिगंटन था, जो बाद में अमरीका का प्रथम राष्ट्रपति बना।

यह कहानी सच्ची नम्रता की प्रतीक है। कई लोग ये सोचते हैं कि वे इतने महान हैं कि वे घर-गृहस्थी के दैनिक कार्य, श्रमिक वाले कार्य या अपने ऑफिस के पर्दे के पीछे के छोटे-छोटे कार्य नहीं कर सकते हैं। हम अपने आप को ऊँचा और महत्त्वपूर्ण समझते हैं। पर यह रोचक है कि हम सचमुच के महान व्यक्तियों के जीवन में अविश्वसनीय नम्रता पाते हैं जिससे वे निम्न श्रमिकों के साथ कार्य करने को तत्पर रहते हैं।

जब अगली बार हम सोचें कि हम कितने महत्त्वूपर्ण हैं या अगर हमारा

अहंकार बढ़ जाए तो हम उन महान व्यक्तियों के बारे में सोचें जो कि विनम्र होकर, मानवता की सेवा में संलग्न रहे। कोई भी इतना महान नहीं होता कि वह अपने पड़ोसी का दुःख-दर्द नहीं बाँट सकता। हम कभी भी इतने महान नहीं होते कि हम किसी जरूरतमन्द की ओर अपना मदद का हाथ नहीं बढ़ा सकते। आखिरकार, प्रभु हमें ज़िन्दगी देता है। यह प्रभु है जो हमारे जीवन को सम्भव करता है और हम पर उपहार लुटाता है। प्रभु के बिना हम कुछ भी नहीं हैं। यह प्रभु है जो हमें वह बनाता है, जो हम हैं।

अगर हम सेनापति के जैसे बन सकें और दूसरों की मदद के लिए अपने घोड़ों से उतर सकें, तो हम पाएँगे कि प्रभु हम पर भरपूर अशीर्वाद बरसाने के लिए तैयार रहेंगे।

□□

पशुओं से प्रेम

25) पशुओं के प्रति दया

सन्त एकनाथ के जीवन से एक प्रेरणादायक कहानी है। वे महाराष्ट्र में रहते थे। एक बार वे अपने कुछ अनुयायियों के साथ वाराणसी से दक्षिण में रामेश्वरम की तार्थयात्रा पर जा रहे थे। उन दिनों यह मान्यता थी कि रामेश्वरम के शिव जी के मन्दिर में अगर कोई भेंट दी जाए तो व्यक्ति को सौभाग्य प्राप्त होगा। इसलिए, एकनाथ और उनके अनुयायी पहले गंगा नदी पर रुके ताकि शिवजी को भेंट करने के लिए कुछ गंगा जल इकट्ठा कर सकें।

जब वे पैदल रामेश्वरम की ओर जाने लगे तो वे एक घने जंगल से गुजरे। रास्ता तंग से और तंग होता चला गया। किसी तरह से एकनाथ अपने अनुयायियों से बिछुड़ गए जो कि उनके साथ नहीं चल पा रहे थे। उन्होंने रुककर अनुयायियों का इंतजार करने का फैसला किया। वे एक बड़े पेड़ के नीचे बैठ गए ताकि तपते सूरज की धूप से बच सकें। बाहर बहुत गर्मी थी और धरती झुलस चुकी थी। जैसे एकनाथ बैठे थे, उन्हें दूर एक गधा दिखाई दिया। गधा जमीन पर पड़ा हुआ था। वे पशु के पास पहुँचे तो पाया कि गधा प्यास से मर रहा था। एकनाथ गधे के दर्द को अपने हृदय में महसूस कर सकते थे। एकनाथ ने आसपास पानी ढूँढा पर वह कहीं नहीं मिला। उन्होंने गंगाजल से भरे अपने जग को देखा और एक क्षण के लिए सोचा। क्या उन्हें गंगा जल गधे को पिला देना चाहिए या उसे शिवजी के मन्दिर में चढ़ाने के लिए बचाकर रखना चाहिए?

उन्होंने अपनी आत्मा और प्रभु के आगे यह प्रश्न रखा और उन्हें तुरन्त पता लग गया कि उन्हें क्या करना चाहिए। उन्होंने गंगा जल से भरा अपना जग उठाया और उसे गधे को पीने के लिए दे दिया। गधा इतना प्यासा था कि वह उसकी हर एक बूँद पी गया।

जब वे गधे को पवित्र जल पिला रहे थे, उनके अनुयायी भी वहाँ पहुँच गए। उन्होंने गधे को गंगा जल पीते देखा तो वे सन्त एकनाथ से प्रश्न करने लगे।

“आप यह क्या कर रहे हैं? यह पानी हमें शिवजी को चढ़ाना था”, एक ने कहा।

दूसरा बोला, “अब रामेश्वरम की हमारी यात्रा बेकार है। वहाँ चढ़ाने के लिए हमारे पास कुछ नहीं होगा।”

पर सन्त जी मुसकराए और अपने अनुयायियों से बोले, "एक सच्चा इंसान किसी दूसरे जीव को प्यासा मरते हुए नहीं देख सकता है। गधे की ज़िन्दगी को बचाने के लिए दी गई यह भेंट किसी भी अन्य भेंट से बहुत ऊँची है और देने वाले को यह सर्वोत्तम लाभ पहुँचाती है।"

यह कहानी एक सन्त के ऊँचे दृष्टिकोण को दर्शाती है और बताती है कि कैसे प्रभु-रूप इंसान अन्य सभी जीवों के हृदयों की पीड़ा को अनुभव करते हैं। हम अपनी आत्मा और परमात्मा के जितना नजदीक पहुँचते हैं, उतने ही हम दूसरों के दर्दों के प्रति संवेदनशील हो जाते हैं। कभी-कभी हम अच्छा काम करने की कोशिश इसलिए करते हैं ताकि हमें भी कुछ फायदा पहुँच सके। कुछ लोग दूसरों को प्रभावित करने के लिए दान देते हैं। कुछ व्यक्ति सेवा करने का दिखावा इसलिए करते हैं ताकि दूसरों पर असर डाल सकें।

कभी-कभी जब हम ऐसा करते हैं, तो हम किसी ऐसे की उपेक्षा कर देते हैं जिसको सचमुच मदद की जरूरत होती है। शुभ कार्य करने का दिखावा करने की चाहत में, हम दूसरों को चोट पहुँचा सकते हैं या दूसरों को गिरा सकते हैं। पर सच्ची सेवा दूसरों के दुख-दर्द सुनने में और उनकी जरूरतों का ख्याल करने में है। अगर सेवा करके हम अपने लिए अंक जोड़ना चाहते हैं पर इस प्रक्रिया में दूसरों का दिल दुखाते हैं या दूसरों के अधिकारों को कुचल देते हैं, तो असलियत में हमने कोई फायदा नहीं उठाया है। बेहतर यह है कि हम दूसरों के दिलों और आत्माओं को सुनें और दूसरे लोगों की भावनाओं और जरूरतों के प्रति संवेदनशील हों। जब हम किसी दूसरे के दिल को सांत्वना देते हैं या दूसरों के जख्मों पर मरहम लगाते हैं, तब हम प्रभु की सच्ची सेवा करते हैं। यही सर्वोत्तम भेंट है।

□□

26) जीव-जन्तुओं की सहायता

एक भले व्यक्ति का किस्सा है जिसे एक बार एक लम्बी यात्रा पर जाना पड़ा था। उस जमाने में, लोग अपने साथ एक पोटली ले जाते थे। अतः उसने भी एक पोटली ली और यात्रा के दौरान खाने के लिए उसमें प्रचुर मात्रा में रोटियाँ बाँध लीं। उसने पैदल यात्रा की और जब रात हुई, तो वह आराम करने के लिए एक मस्जिद में रुक गया।

अगली सुबह वह फिर यात्रा के लिए निकल पड़ा। उसने तेजी से दस मील का रास्ता तय किया और तब उसने नाश्ते के लिए रुकने का फैसला किया। वह बैठ गया और रोटियाँ निकालने के लिए उसने पोटली खोली। जब उसने पोटली खोली तो रोटियाँ चींटियों से भरी थीं।

"ओहो, यह तो बहुत बुरा हुआ।" उसने सोचा।

इस मौके पर अधिकतर व्यक्ति इसलिए परेशान होंगे क्योंकि उनका भोजन खराब हो चुका है। पर इस भले व्यक्ति को कोई दूसरी बात परेशान कर रही थी। उसने कहा, "यह तो बहुत गलत हुआ। मैं इन बेचारी चींटियों को मस्जिद में उनके घर से बहुत दूर ले आया हूँ। ये अपने परिवार, अपने माता-पिता और बच्चों की कमी महसूस कर रही होंगी।"

उसे इतना बुरा लगा और उसे चींटियों पर इतनी दया आई कि वह भला इंसान मस्जिद तक दस मील वापिस जाकर, चींटियों को उनके घर में छोड़ कर आया।

हम इस प्रकार के किस्से सन्तों-महापुरुषों की ज़िन्दगियों में पाते हैं। उनके हृदय में दूसरों के दुःखों के लिए, इंसान से लेकर छोटी सी चींटी तक के लिए गहरा दया भाव होता है।

हम आध्यात्मिक रूप से जितने विकसित होते जाते हैं, उतने ही हम अपनी आत्मा की धीमी आवाज़ को सुनने लगते हैं। हमारी आत्मा करुणा से भरपूर है। जितने-जितने हम अपने मन का रूप बनते जाते हैं, हम उतने कम करुणामयी हो जाते हैं। जितने-जितने हम अपनी आत्मा का रूप बनते जाते हैं, हम उतने ज्यादा करुणामयी हो जाते हैं।

हम दूसरों के दुःखों के प्रति कितनी करुणा का अनुभव करते हैं, इस बात से हम अपने जीवन को नाप-तोल सकते हैं।

हममें से कितने हैं जो प्रभु के नाम में अपने छोटे भाई-बहनों (जीव-जन्तुओं) की नाजुक अनुभूतियों के बारे में भी सोचते हैं? शाहाकारी भोजन करुणामयी है। अगर हमने देखा हो कि हमारा भोजन बनने से पहले जानवरों को किस पीड़ा से गुजरना पड़ता है तो हममें करुणा जाग्रत होगी और हम कभी उन्हें तकलीफ में नहीं देखना चाहेंगे।

आओ, हम उस अवस्था में पहुँचने का प्रयास करें जिसमें हम दयालु और प्रेममयी हों। आओ हम निश्चय करें कि हमारे बोल मीठे हों। आओ, हम निश्चय करें कि हम दूसरों के प्रति विनम्र और करुणामयी हों। आओ, हम टूटे दिलों को प्रेम-प्यार और मधुर वचनों से सांत्वना दें।

□□

अध्यापकों का प्रेम

27) अध्यापकों के प्रेम की शक्ति

एक समय एक अध्यापिका थीं जो कि अपना अस्सीवां जन्मदिन मना रही थीं। उन्होंने अनेक वर्ष एक विद्यालय में अध्यापन कार्य किया था। उनसे मिलने से पहले, उनके विद्यालय के अनेक छात्र गैर सामाजिक गतिविधियों में लगे हुए थे। पर जब उस अध्यापिका ने वहाँ पढ़ाया, तो लोगों ने उनके शिष्यों में एक गहन परिवर्तन होते हुए पाया। कई शिष्य बड़े होकर अच्छे नागरिक बने। कई बाद में चिकित्सक, वकील, अध्यापक, अच्छे तकनीशियन और व्यापारी बने। लोगों ने इस अध्यापिका द्वारा अनेक शिष्यों के जीवन में परिवर्तन होते हुए देखा।

इसमें आश्चर्य नहीं था कि उनके अस्सीवें जन्मदिन पर उन्हें आदर सम्मान देने के लिए और जो कुछ उन्होंने किया था, उसके प्रति अपनी कृतज्ञता प्रकट करने के लिए उनके भूतपूर्व शिष्य बड़ी संख्या में उनके पास पहुँचे।

अखबार वालों ने इस विशाल जन्मदिन पार्टी के बारे में सुना और इस कहानी को छापने हेतु, अपने पत्रकारों को भेजा। जिस पत्रकार ने इस अध्यापिका का साक्षात्कार लिया, उसने पूछा, "एक अध्यापक के रूप में आपके सफल होने का रहस्य क्या है?"

अध्यापिका ने उत्तर दिया, "जब मैं अपने चारों ओर जवान अध्यापकों को देखती हूँ जोकि अब स्नातक बने हैं, तो मैं पाती हूँ कि वे अपनी व्यावसायिक निपुणता पर ध्यान देते हैं। पर जब मैं पीछे देखती हूँ तो महसूस करती हूँ कि जब मैंने पढ़ाना शुरू किया, तब मेरे पास देने के लिए सिर्फ प्यार था।"

विद्यालय की अध्यापिका के इस सादे वाक्य में, हमें सभी युगों के सत्गुरुओं की सफलता का रहस्य मिलता है। इस कहानी की अध्यापिका के अन्दर, जीवन को बदल देने की शक्ति थी। उन्होंने ऐसे छात्रों को पढ़ाया जिनमें सदाचार की कमी थी और उनको सदाचारी व्यक्तियों में बदल दिया। यही काम एक सत्गुरु करते हैं। वे काम, क्रोध, लोभ, मोह और अहंकार से भरे दुःखी इंसानों को अपनाते हैं और उनको ऐसे इंसानों में बदल देते हैं जो अहिंसा, पवित्रता, नम्रता, सच्चाई, निःस्वार्थभाव और प्रेम से भरे हों। वे ऐसा कैसे करते हैं? वे यह सब दिव्य प्रेम की शक्ति से करते हैं।

अगर हमें एक कठोर आदेश के द्वारा यह बताया जाए कि हमें क्या करना है तो कुछेक व्यक्ति ही उसका पालन करेंगे। पर अगर हम किसी से प्रेम करते हैं और हम जानते हैं कि वह भी हमसे प्रेम करता है, तो हम उस इंसान को सुनते हैं, उसका आदर करते हैं। माता-पिता के प्रेम के द्वारा एक बच्चा बोलता और चलना सीखता है। एक अध्यापक के प्रेम के द्वारा बच्चा पढ़ना-लिखना सीखता है। एक प्रशिक्षक के प्रेम के द्वारा हम कोई हुनर सीखते हैं। एक आध्यात्मिक गुरु के दिव्य प्रेम के द्वारा हम स्वयं भी आध्यात्मिक बन जाते हैं।

हम महान सन्तों के जीवन में देख चुके हैं कि वे कितने दयावान थे। जो भी उनसे मिले, उनके जीवन को उन्होंने सकारात्मक रूप से बदल दिया। प्रेम में सर्वाधिक रूपान्तरकारी शक्ति है।

□□

28) सच्चा अध्यापक

भारतीय इतिहास में एक राजा की कहानी आती है जिसके पाँच पुत्र थे। दुर्भाग्य से, वे चतुर नहीं थे और उन्हें कुछ भी सिखाना बहुत कठिन था। वास्तव में, राजा उन सबको मूर्ख समझता था। वे अपने कार्य के प्रति गम्भीर नहीं थे, यहाँ-वहाँ मसखरी करते रहते थे और अपनी पढ़ाई में से एक भी बात नहीं सीखना चाहते थे।

एक दिन, राजा अपनी रानी के साथ मिलकर विचार-विमर्श करने लगा कि बच्चों का क्या किया जाए। आखिरकार, एक दिन उनमें से कोई एक राजा का उत्तराधिकारी होगा और राजा अपना राज्य किसी अनपढ़ पुत्र के हाथों में नहीं सौंपना चाहेगा। वे अनेक निजी शिक्षक परख चुके थे पर कोई भी उनके बच्चों को बदल नहीं पाया था। बच्चे कुछ भी सीखने को तैयार नहीं थे।

उन्होंने एक बड़ा ईनाम देने का फैसला किया। घोषणा की गई कि उनके राज्य का कोई भी व्यक्ति, जो उनके पुत्रों को शिक्षित कर पाएगा, उसे वे आधा राज्य सौंप देंगे। एक के बाद एक, अध्यापक, निजी शिक्षक, विद्वान और बुद्धिजीवी पाँचों राजकुमारों को शिक्षित करने के लिए आगे आए, पर हर एक निराश ही हुआ, क्योंकि वे सफल नहीं हो सके। राजकुमारों ने कुछ भी सीखने से मना कर दिया।

राजा और रानी और अधिक हतोत्साहित हो गए। उनके पुत्र मूर्खों जैसा व्यवहार दर्शा रहे थे और उस राज्य के सर्वोत्तम व्यक्तियों के द्वारा दिया गया प्रशिक्षण उन पर कोई प्रभाव नहीं डाल रहा था।

एक दिन, एक प्रसिद्ध विद्वान एवं अध्यापक महल में आया और उसने बच्चों को पढ़ाने की कोशिश करने के लिए राजा से अनुमति माँगी। राजा सहमत हो गया। राजकुमारों के दिलों तक पहुँचने के लिए अध्यापक ने पढ़ाने के नए तरीके इस्तेमाल किए। उसने रोचक कहानियों के माध्यम से उन्हें पढ़ाया जिससे उनका ध्यान आकर्षित हुआ।

लड़कों को कहानियों में आनन्द आया। चार महीने गुजर गए। वे अध्यापक के साथ अपने सबक का इंतजार करने लगे। पर चार महानों के अन्त

में, जब अध्यापक ने उनकी परीक्षा ली, तो उसने पाया कि किसी को भी, एक भी कहानी याद नहीं थी। वे कुछ क्षणों के लिए कहानी का आनन्द लेते, पर उनके दिमाग में कुछ बैठ नहीं रहा था। इसलिए अध्यापक ने एक दूसरा तरीका इस्तेमाल किया। इस बार, बच्चों को कहानी सुनाने के बाद, उसने उनसे कहा कि अगर वे एक और कहानी सुनना चाहते हैं तो उन्हें पहली कहानी एक-दूसरे को सुनानी होगी, ताकि वह उन्हें याद हो सके। उसने बच्चों को चेतावनी दी कि अगर वे कहानी नहीं सुना सके तो उन्हें और कहानियाँ नहीं सुनाई जाएँगी।

पुत्रों ने कहानियों को और ध्यान से सुनना शुरू कर दिया। पर यह तरीका भी कहानियाँ याद कराने में सफल नहीं हुआ।

अन्त में अध्यापक राजकुमारों को एक कुँए के पास ले गया।

"देखो, यह मोटी रस्सी कुँए की मुँडेर के ऊपर से कुँए के अन्दर जा रही है, इसके एक ओर बाल्टी बँधी है। जब रस्सी को खींचो तो पानी की बाल्टी ऊपर आ जाती है", अध्यापक ने बताया। "देखो, समय के साथ, रस्सी ने पत्थर की मुँडेर पर गहरा निशान बना दिया है। जैसे कि रस्सी ने पत्थर पर निशान बना दिया, मैं चाहता हूँ कि तुम हर कहानी मन ही मन बार-बार दोहराओ, जब तक कि तुम्हें हर कहानी याद नहीं हो जाए। कहानियों को तुम्हारे मन पर एक निशान छोड़ देना चाहिए।"

क्योंकि राजकुमार और अधिक कहानियाँ सुनना चाहते थे, उन्होंने वैसा ही किया, जैसा कि उनके अध्यापक ने उन्हें बताया था। कहानियों को मन ही मन बार-बार दोहराकर, वे अन्त में उन्हें याद करने में सफल हो गए। समय के साथ, उनकी एकाग्रता में सुधार आया और वे वह सब कुछ सीख पाए जो उनके अध्यापक ने उन्हें सिखाया।

राजा अध्यापक के नतीजों से बहुत प्रसन्न हुआ। उसने अध्यापक को अपना आधा साम्राज्य देने की पेशकश की, पर अध्यापक ने उसे अस्वीकार कर दिया।

अध्यापक ने कहा, "हे महान राजा! मैं एक अध्यापक हूँ। मुझे राजपाट से क्या लेना? मैं पढ़ा कर प्रसन्न होता हूँ। मैं सन्तुष्ट हूँ कि मैंने अपना कर्तव्य निभाया है।" यह कहकर, वह अपने रास्ते चल दिया।

अध्यापक का यह दृष्टिकोण ऐसा है, जैसा कि इस संसार में आए महान आध्यात्मिक गुरुओं का होता है। उनका काम है, भटकी हुई रूहों को अध्यात्म का पाठ पढ़ाना।

अगर वे हमारी आत्मा को आध्यात्मिक सच्चाई जैसे कि ध्यानाभ्यास और सदाचार के पालन की शिक्षा दे पाते हैं, तो वे सन्तुष्ट हो जाते हैं। अगर हम भगवान बुद्ध, ईसा मसीह, गुरु नानक, मोहम्मद साहिब, भगवान महावीर, हजरत मूसा और दूसरे महान संतों का जीवन देखें तो हम पाएँगे कि उन्होंने स्वयं को मानवता की सेवा में निःस्वार्थ समर्पित कर दिया था।

□□

खुशी पाना

29) अन्तर के खज़ाने

एक गाँव में एक किसान रहता था, जो कि गरीब था। वह खेती से आजीविका कमाने की कोशिश करता था पर इतना नहीं कमा पाता था कि अच्छा घर, महँगी चीज़ें या सुन्दर वस्त्र ले सके। वह इतने फटे-पुराने कपड़े पहनता था कि आसपास के कुछ पड़ोसी उसका मजाक उड़ाते थे। फिर भी वह व्यक्ति, जो कुछ उसके पास था, उससे सन्तुष्ट था। वह प्रभु का बड़ा भक्त था और अपना खाली समय प्रभु की भक्ति, ध्यान और प्रार्थना में लगाता था।

उस व्यक्ति के कुछ दोस्तों ने उसे सलाह दी कि वह प्रभु की प्रार्थना में समय बर्बाद करने की बजाय, अपने लिए कुछ करे। वह व्यक्ति अपने जीवन से प्रसन्न था पर क्योंकि वे उसे बार-बार टोकते रहते थे कि वह अपनी हालत बदलने के लिए कुछ करे, इसलिए उसके मन में एक शक का बीज उगने लगा। वह यह सोचने लगा कि अगर वह धनवान हो जाए तो हो सकता है, वह अधिक खुश रहने लगे।

एक रात, किसान को एक स्वप्न दिखाई दिया। उसने एक दैवी पुरुष को देखा जिसने उससे कहा कि वह शहर जाए, जहाँ उसे एक बड़ा खजाना मिलेगा। जब किसान उठा, तो उस पर उसके दोस्तों का प्रभाव था कि वह धन की खोज करे, अतः उसने स्वप्न को सच मान लिया। वह शहर की यात्रा पर चल दिया। वह पहले कभी शहर नहीं गया था और वह वहाँ के नियमों से अनजान था। एक पुलिस इन्सपेक्टर ने उसे इधर-उधर घूमते हुए पकड़ लिया और उसे पुलिस-स्टेशन ले गया।

इन्सपेक्टर ने पूछा, "तुम रात-दिन इधर-उधर घूमकर क्या कर रहे हो?" किसान ने बताया, "मैं एक खजाने की खोज में हूँ। मुझे एक सपना आया था जिसमें बताया गया था कि वह बड़ा खजाना मुझे यहाँ मिलेगा।"

पुलिस इन्सपेक्टर बोला, "तुम पागल हो। मुझे खजाना मिलने के कई सपने आए हैं। वे केवल स्वप्न हैं। में किसी पर भी ध्यान नहीं देता हूँ। वे बेकार के सपने हैं। उदाहरण के लिए, एक बार मुझे सपना आया कि मुझे शहर के बाहर एक गाँव की एक झोपड़ी में जाना चाहिए। झोपड़ी के पास से एक नहर गुजरती

है। पास में एक छोटा खेत भी है, पर वह घर किसी गरीब का था। स्वप्न में मुझे बताया गया था कि वहाँ मुझे एक बड़ा खजाना मिलेगा, पर मैं कभी वहाँ नहीं गया क्योंकि सपने सच नहीं होते हैं।"

जब पुलिस इन्सपेक्टर घर का विवरण दे रहा था तो किसान को एक झटका सा लगा। जिस घर के बारे में वह बता रहा था, वह बिलकुल किसान के अपने घर जैसा ही लग रहा था।

पुलिस इन्सपेक्टर ने उसे वापिस उसके गाँव भेज दिया। व्यक्ति इस सम्भावना से फूला नहीं समा रहा था कि जिस खजाने को वह ढूँढ रहा था, वह स्वयं उसके घर के सामने के मैदान में हो सकता था।

किसान उस स्थान पर गया जिसका विवरण इन्सपेक्टर ने दिया था। उसने खोदना शुरू किया। और सच में, उसे एक बड़ा सन्दूक मिला, जिसमें भरे खजाने से वह एक धनवान व्यक्ति बन गया। वह आश्चर्य चकित था कि इतने समय से स्वयं उसके घर के पास खजाना छुपा हुआ था।

यह कहानी हमारी अपनी अवस्था बताती है। हम सम्पूर्ण संसार में प्रेम और खुशी ढूँढते रहते हैं पर हम यह नहीं जानते कि सच्ची खुशी, सच्ची दौलत और सच्चा प्रेम हमारे अन्तर में हमारा इंतजार कर रहे हैं।

हम सोचते हैं कि खुशी हमसे बाहर है। हम सोचते हैं कि यह धन-दौलत, नाम-प्रसिद्धि, जायदाद और सम्बन्धों से मिलती है। पर सच्ची खुशी अन्तर में है। प्रभु हमारे अन्तर में है। प्रभु का प्रेम अन्तर में है। बाहरी संसार में ऐसा कुछ भी नहीं है जो उसका मुकाबला कर सके। सच्चे खजानों को बाहर खोजने की बजाय, हमें ध्यान अभ्यास में बैठना चाहिए और अन्तर में सच्चे धन को खोजना चाहिए। तब हम अपनी ज़िन्दगी प्रेम, आनन्द, शाश्वत शान्ति और खुशी से भरी पाएँगे।

□□

जीवन की नश्वरता

30) आत्मा का अमरत्व पहचानना

एक इंसान था जो कि अपने जीवन के अंतिम दौर में था। वह अपने जीवन के अन्त के बारे में सोचने लगा कि एक दिन उसकी मृत्यु हो जाएगी। वह सोचने लगा कि कब्रिस्तान किस प्रकार कब्र से भरे होते हैं और किस प्रकार वहाँ पर मृतकों के लिए फूल रखे होते हैं जिन्हें मृतक कभी देखते नहीं हैं।

उसने फैसला किया, "मैं मरने से पहले जानना चाहता हूँ कि मुझे कहाँ दफनाया जाएगा, मैं किस ताबूत में दफनाया जाऊँगा और मेरी कब्र पर किस तरह के फूल रखे जाएँगे।" इसलिए इस इंसान ने अपने जीवन के अंतिम दो वर्ष स्वयं को दफनाने की जगह ढूँढने में लगा दिए। वह कब्रिस्तान में गया और वहाँ वह स्थान चुन लिया जहाँ उसे दफनाया जाएगा। वह अन्त्येष्टि के सामान वाली दुकान पर गया और वहाँ वह ताबूत (शव पेटिका) चुना जिसमें उसे दफनाया जाएगा।

उसने सोचा, "मेरी मृत्यु के बाद यही मेरा घर होगा। मैं खुश हूँ कि मृत्यु से पहले मैंने इसे देख लिया है।" वह फूलों की दुकान पर गया और उसने उन फूलों को भी चुना जो वह अपनी कब्र के ऊपर रखवाना चाहता था। उसे अभिमान था कि उसने उन फूलों को देख लिया था जबकि कोई भी मृतक और दफनाया गया व्यक्ति उन्हें कभी नहीं देख पाता है। तब उसने अपने परिवार और मित्रों की एक सभा बुलाई और उन्हें अपनी अनेक निजी वस्तुएँ बाँट दीं। अन्त में उसने अपने पुत्र को अपनी वसीयत सौंप दी। उसी क्षण वह व्यक्ति ढेर हो गया और मर गया।

इस इंसान ने अपने जीवन के अंतिम दो वर्ष अपने भौतिक शरीर को मृत्यु के लिए तैयार करने में लगाए पर उसने अपनी आत्मा को तैयार करने के लिए कुछ भी नहीं किया।

हममें से अनेक लोग इस व्यक्ति से अलग नहीं हैं। इसने अपने जीवन के अंतिम दो वर्ष इस बात पर विचार करने में लगा दिए कि मृत्यु के बाद उसके शरीर को कहाँ और कैसे रखा जाएगा। पर उसने अपनी आत्मा को शाश्वत जीवन हेतु तैयार करने के लिए कुछ भी नहीं किया। अगर हम अपने जीवन पर नजर मारें तो हममें से कई लोग सिर्फ अपने शरीर की चिन्ता करते हैं। हम चिन्ता करते हैं

कि हम इसे कैसे खिलाएँगे, कैसे इसे वस्त्र पहनाएँगे और कैसे इसे आश्रय देंगे। हालाँकि पैसे कमाने के लिए हमें कोई काम-धन्धा अवश्य करना पड़ता है पर हम अपने भौतिक शरीर का ख्याल रखने के लिए अपने काम-धन्धे पर ध्यान देते हैं, आत्मा की वजह से नहीं। अपने भोजन, कपड़ों और मकान की चिन्ता करने के अलावा, हम अपने घरों और शरीरों की सजावट और खरीदारी पर जरूरत से ज्यादा समय लगाते हैं। अगर हम विश्लेषण करें कि हमने अपने शरीर पर कितना समय लगाया है और फिर देखें कि हमने अपनी आत्मा पर कितना समय लगाया है, तो हो सकता है, हमें दोनों में बहुत अन्तर मिले।

अगर हम अपने जीवन के शेष वर्षों का सर्वोत्तम सदुपयोग करना चाहते हैं तो हम अपनी आत्मा पर अधिक ध्यान दें। अपनी आत्मा को परलोक के लिए तैयार करने का अर्थ है कि हम ध्यानाभ्यास और निष्काम सेवा में समय दें। इसका अर्थ है कि हम एक अच्छा इंसान बनने की कोशिश करें और जब भी सम्भव हो, हम दूसरों की मदद करें। इसका अर्थ है कि हम अपने चरित्र के विश्लेषण में और उसको सुधारने में समय दें। इसका अर्थ है कि हम प्रभु की याद में समय दें। परलोक में इसी बात का महत्त्व है कि क्या हम एक स्नेही व्यक्ति रहे हैं।

हम अपने दैनिक जीवन में, प्राथमिकताएँ निश्चित करें। हम अपने भौतिक शरीर पर अधिक ध्यान देने के कारण, अपनी आत्मा की उपेक्षा नहीं करें। हम अपने जीवन में कुछ सन्तुलन ढूँढें। हालाँकि हमें अपने शरीर और अपने परिवार का ख्याल करना है पर साथ ही हमें सुनिश्चित करना होगा कि हम अपनी आत्मा को पर्याप्त समय दें। जब अन्त समय आएगा, हमारा शरीर मिट्टी में मिल जाएगा पर हमारी आत्मा जिन्दा रहेगी। हम समय निकालें ताकि आत्मा यहाँ भी और परलोक में भी शक्तिशाली रहे।

□□

प्रभु की सर्वज्ञता, दया और संरक्षण

31) ईश्वरीय दया

यह कहा गया है कि जब प्रभु ने इंसान को पैदा करना चाहा तो उसने सब फरिश्तों को बुलाया और उनसे सलाह ली। प्रभु अपने सिंहासन पर बैठ गए, फरिश्ते उनके चारों ओर खड़े हो गए और एक-एक करके, प्रभु ने उनसे उनका विचार पूछा।

न्याय के फरिश्ते ने कहा, "इंसानों को पैदा नहीं करो। अगर आप करोगे, तो वे एक-दूसरे के साथ हर तरह के पाप करेंगे। वे दुष्ट होंगे, स्वार्थी होंगे, हिंसक होंगे और अनुचित कार्य करेंगे।

आगे, सच्चाई का फरिश्ता बोला, "इंसानों को पैदा मत करो। वे एक-दूसरे से झूठ बोलेंगे, धोखा देंगे और चोरी करेंगे। हे प्रभु, वास्तव में वे आपसे भी झूठ बोलेंगे और आपको भी धोखा देंगे।"

पवित्रता के फरिश्ते ने कहा, "इंसानों को पैदा मत करो, हे प्रभु! वे अनेक अपवित्र कार्य करेंगे और आपके नाम को बदनाम करेंगे।"

अन्त में, प्रभु दया के फरिश्ते की ओर मुड़े और उससे पूछा, "तुम्हारा क्या विचार है?"

दया के फरिश्ते ने उत्तर दिया, "हे प्रभु, आप अपना कार्य करें और इंसान को पैदा करें, क्योंकि जब भी वे पाप करेंगे और सच्चाई, पवित्रता और न्याय के आध्यात्मिक मार्ग से भटकेंगे, मैं उन्हें अपनी बाँहों में ले लूँगा, उनसे मधुर वचन बोलूँगा और उन्हें आपके पास ले आऊँगा, हे प्रभु!"

यह कहानी हमारे जीवन में संतों-महापुरुषों-सत्गुरुओं और जाग्रत पुरुषों की भूमिका को दर्शाती है। यह सच है कि इंसान के रूप में हम इंसानी कमजोरियों के शिकार हो सकते हैं। हमें अनेक प्रलोभन और आकर्षण घेरे रहते हैं जो कि हमें हमारी दिव्य प्रकृति से दूर कर देते हैं। पर इंसान को पैदा न करने की बजाय, क्योंकि वे पाप में गिर सकते थे, प्रभु ने इंसान को पैदा किया ताकि वह जीवन की कठिनाइयों को झेलना सीखे और प्रभु तक वापिस पहुँचे। प्रभु ने संतों और गुरुजनों को बनाया ताकि वे हमारे प्रति प्रेम, करुणा और दया रखें और हमें हमारी दिव्य प्रकृति पहचानने में मददगार हों।

अगर हम असफल होते हैं तो सन्त-महापुरुष हमें प्रेरणा देते हैं कि हम छोड़े नहीं बल्कि दोबारा कोशिश करें। वे यह नहीं चाहते कि हम पापों में लिप्त रहें और उनकी चिन्ता करते रहें बल्कि वे चाहते हैं कि हम अगले दिन बेहतर बनने का पक्का इरादा बनाएँ। उनकी प्रेममयी बाँहें हमें अपने आगोश में लेने के लिए सदा बेचैन हैं, जैसे एक माँ कीचड़ में गिरे अपने बच्चे को अपने आगोश में लेने के लिए बेचैन होती है। वह उसे साफ करती है, कीचड़ में जाने से मना करती है और फिर उसे माथे पर चूमकर, बाहर भेज देती है। संत-सत्गुरु सम्पूर्ण प्रेम होते हैं और चाहे हम कुछ भी करें, वे हमें अपनी बाँहों में लेने के लिए, हमें सुधारने के लिए और हमें दोबारा से कोशिश करने देने के लिए, सदा तैयार रहते हैं।

दया के फरिश्ते के जैसे, संतजन करुणा से भरपूर होते हैं। यह उनका कार्य होता है कि वे, प्रभु द्वारा बनाए गए आध्यात्मिक मार्ग पर हमें वापिस ले जाते हैं। हम उनकी दया-मेहर पर ध्यान देकर और हर दिन बेहतर से बेहतर करने की कोशिश करकर, उनका काम आसान कर सकते हैं। धीरे-धीरे, हम पाएँगे कि उनकी दया और आशीर्वाद से, हम सदाचारी गलतियों से दूर रहेंगे, ताकि हम दिव्य बन सकें, जैसे कि प्रभु हमें बनाना चाहते हैं।

□□

32) प्रभु से कुछ छुपा नहीं

प्रसिद्ध कलाकार, लियनार्दो दा विन्सी अपनी चित्रकला, "The Last Supper" बना रहे थे, जिसमें ईसा मसीह अपने शिष्यों के साथ रात्रि भोजन के लिए बैठे हुए थे, जो कि शिष्यों के साथ उनका अंतिम भोजन था। चित्रकला बनाते समय, लियनार्दो दा विन्सी किसी खास इंसान से नाराज हो गए। लियनार्दो आपे से बाहर हो गए और उस इंसान को बुरा-भला कहने लगे। उन्होंने उसे धमकी भी दे डाली।

जब वह इंसान चला गया, तो लियनार्दो वापिस चित्रकला बनाने लगे। उन्होंने ईसा मसीह के चेहरे पर काम करना चाहा, पर वे कर नहीं पाए। वे क्रोधित होने के कारण, अपने आप से इतने नाखुश थे कि वे चित्रकला बनाने के लिए, अपने आप को शान्त नहीं कर पाए।

अंत में, उन्हें समझ आया कि क्या गलती हुई है। ईसा मसीह के चेहरे से उन्हें प्रभु की याद आई। अचानक, ईसा मसीह का चेहरा एक स्पष्ट शीशा बन गया, जिसमें लियनार्दो को अपने चेहरे के बदनुमा दाग दिखाई देने लगे। उसे अनुभव हुआ कि दूसरे आदमी को बुरा-भला कहकर उसने एक गलती की है। ईसा मसीह और प्रभु का सामना न कर पाकर, उसने अपना रंग नीचे रख दिया और उस आदमी को बुला भेजा। लियनार्दो ने अपने कटु वचनों के लिए उस आदमी से जोर-शोर से क्षमा माँगी। उस आदमी ने लियनार्दो को क्षमा कर दिया।

लियनार्दो, जो अब शान्त हो चुका था, अपने काम पर लौटने में सफल हो गया और उसने ईसा मसीह के चेहरे को पूरी तरह चित्रित कर लिया।

हम सोच सकते हैं कि हम प्रभु से अपने विचारों, वचनों और कार्यों को छुपा सकते हैं पर हम ऐसा नहीं कर सकते हैं। हम सोच सकते हैं कि प्रभु को नहीं पता कि हम क्या करते हैं।

अगली बार जब हम किसी पर क्रोध करें, किसी की भावनाओं को अपने वचनों द्वारा ठेस पहुँचाएँ या किसी भी जीव को चोट पहुँचाएँ तो हमें याद रखना चाहिए कि प्रभु हमें देख रहे हैं। हमें इस बात पर विचार करना चाहिए कि ऐसे कार्य के बाद हमें कैसा महसूस होता है। अगर हम शान्त बैठें तो हमें अनुभव होगा

कि एक हानिकारक कार्य के बाद हमें अच्छा महसूस नहीं होता है। हमें अपनी आत्मा की आवाज यह याद दिलाती सुनाई देगी कि हम अच्छे बनें और अच्छा करें। एक बार हम उस आंतरिक आवाज़ से जुड़ जाएँ, एक बार हम आत्मा को सुनने लगें तो हम पाएँगे कि हम वे चीजें चुनेंगे जो हमें अच्छाई के मार्ग पर ले जाएँगी। इस प्रकार, हम जल्द ही पाएँगे कि हमारी आध्यात्मिक यात्रा और तेज हो जाएगी।

□□

33) प्रभु सदा हमारे साथ हैं

बीसवीं शताब्दी के शुरूआत में सर अरनेस्ट शेकल्टन की तीव्र इच्छा थी कि वे कुत्तों की स्लेड गाड़ी से एन्टार्कटिका को पार करें। यह यात्रा इक्कीस सौ मील की थी। किसी कारण से इंसान ऐसी-ऐसी चुनौतियाँ स्वीकार कर लेता है, जिन्हें पहले किसी ने स्वीकार न किया हो। अगर कोई चुनौती जीत लेता है, तो दूसरे या तो उसे दोहराना चाहते हैं या उसका रिकॉर्ड तोड़ना चाहते हैं। यह इंसान के स्वभाव में शामिल है। इसलिए उसके अट्ठाइस लोगों के दल ने इस चुनौती को स्वीकार कर लिया। दुर्भाग्य से जो जहाज समुद्र के रास्ते उन्हें एन्टार्कटिका ले जा रहा था, वह तीन दिन बाद बर्फ में जमकर रुक गया। लोग उसमें फँस गए और उन्हें दस महीने बसंत आने का इंतजार करना था ताकि बर्फ पिघले और जहाज मुक्त हो जाए। शेकल्टन ने हौसला बुलन्द रखा जबकि वे लोग उस खाद्य सामग्री पर जिन्दा रहे जो वे अपने साथ लाए थे। जब बसन्त आई तो बर्फ पिघली पर एक दुर्घटना हो गई और जहाज बर्फ से कुचला गया। वे पैदल बर्फ को पार करके खुले समुद्र में नहीं जा पा रहे थे इसलिए उन्होंने पाँच महीने एक हिमप्लव (बर्फ की तैरती चादर) पर बिताए और थोड़े खाद्य पदार्थ से गुजारा किया। जब उन्हें लगा कि हिमप्लव टूट रहा है तो उन्हें पता था कि वे दूसरे हिमप्लव पर जाकर, पानी में यात्रा कर सकते हैं। शेकल्टन ने तीन रक्षा-नौकाओं और खाद्य सामग्री के साथ दल का संचालन करके, एक हिमप्लव से दूसरे हिमप्लव पर जा कर, उन्हें एक सौ अस्सी मील दूर 'एलिफेन्ट' द्वीप पर पहुँचा दिया। उन्होंने हिमपात, बर्फ, ओलों और वर्षा का सामना किया और नावों में एक दूसरे के साथ चिपक कर बैठकर अपने आप को ठण्ड से बचाया।

ऊजाड़ ऐलिफेन्ट द्वीप पर पहुँचकर, शेकल्टन ने महसूस लिया कि अगर उन्होंने मदद नहीं ली तो वे मर जाएँगे। उन्हें पता था कि मदद के लिए उन्हें जोर्जिया द्वीप में स्थित एक ठिकाने, Whaling station पर पहुँचना है इसलिए उन्होंने दल के अधिकतर लोगों को साद्य-सामान के साथ वहीं छोड़ दिया। उन्होंने और पाँच अन्य लोगों ने सबसे बड़ी रक्षा-नौका ली, जो कि बाईस फुट लम्बी थी, और अन्टार्कटिका का सबसे खतरनाक समुद्र पार करके, निकटतम बसे हुए ठिकाने पर पहुँचे। बर्फीली हवाएँ, तूफान और बहुत ऊँची समुद्री लहरें उनके

अस्तित्व को ललकार रही थीं। वे शीत से क्षतिग्रस्त, प्यास से बेहाल और पानी से तर-बतर थे पर सतरह दिन के बाद अंततः वे जोर्जिया द्वीप पहुँच गए। उनकी रक्षा-नौका और आगे जाने लायक नहीं बची थी और वे द्वीप के गलत किनारे पर थे। निश्चित ठिकाने तक पहुँचने के लिए उन्हें बर्फीले पहाड़ों को पार करना था। शेकल्टन ने अपने साथ दो व्यक्तियों को ले लिया। उन्होंने रक्षा-नौका से कीलें निकालकर अपने जूतों के घिसे हुए तलवों में लगा लीं ताकि फिसलें नहीं और दो दिशा-सूचक, कुछ रस्सियों और खाद्य-सामग्री के साथ तीस मील लम्बी यात्रा पर चल दिए जिसमें उन्हें बर्फीले पहाड़ों और हिमनदियों (glaciers) को पार करना था। छत्तीस घण्टे बाद, कठोर परीक्षा से दुबले और दृढ़ बनकर, शेकल्टन और उसके दो साथी निश्चित ठिकाने, whaling station पर पहुँचे, जो कि सतरह महीनों में सभ्यता से उनका पहला सम्पर्क था। शेकल्टन एक बचाव नौका के द्वारा अपने दल के बाकी साथियों के लिए वापिस लौटे और जब वे ऐलिफेन्टा द्वीप पर पहुँचे तो उन्होंने पाया कि कोई भी व्यक्ति हताहत नहीं हुआ था।

जब शेकल्टन से पूछा गया कि उन्होंने इतनी बड़ी कठिनाइयों को कैसे पार किया, तो उन्होंने अपने मित्रों को बताया कि उन्हें एक अदृश्य शक्ति की मौजूदगी का आभास था जोकि इस यात्रा में उनका मार्गदर्शन कर रही थी।

एक इंसान कैसे यह सब सह सकता है? सच यह है कि हम इन चीजों को अपने बल पर नहीं सह सकते हैं। हम प्रकृति की शक्ति के सामने बहुत कमजोर और बहुत असहाय हैं। यह हमारे अन्तर में मौजूद प्रभु की सत्ता है जो हमें चुनौतियों का सामना करने के लिए शक्ति और साहस देती है।

हममें से प्रत्येक ने कभी न कभी शारीरिक चुनौती का सामना किया है। कभी-कभी हमें लगता था कि क्या हम उसमें से बाहर आ पाएँगे। पर जब हम बच निकले, हम आश्चर्यचकित हुए कि ऐसा कैसे हुआ। ऐसा हर अनुभव एक उच्चतर सत्ता की पुष्टि करता है, जोकि सदा हमारे साथ है। हम कभी भी अकेले नहीं होते। प्रभु सदा हमारे साथ हैं।

जब भी हमें ऐसी चुनौती का सामना करना पड़े जो हमें बहुत कठिन लगे तो हमें ध्यान में रखना चाहिए कि हमें उसे अकेले नहीं झेलना है। प्रभु का अदृश्य हाथ सदा हमारे साथ है। हो सकता है हम प्रभु को देख न पाएँ, पर प्रभु अवश्य वहाँ होते हैं। समय-समय पर, हम भी उनकी उपस्थिति का अनुभव कर सकते हैं। जितने ज्यादा हम ग्रहणशील होंगे, उतनी ज्यादा हम उनकी मौजूदगी को महसूस करेंगे। चाहे हम उन्हें देखें या न देखें, वे उपस्थित होते हैं।

इसलिए जब भी हम उस चुनौती को देखें जिसका हमें सामना करना हो, तो हमें उन्हें याद करना चाहिए जिन्होंने और भी कठिन चुनौती झेली हो और वे उसमें से निकल आएँ हों। प्रभु सदा रहते हैं, हमारा मार्ग दर्शन करते हुए। जो कुछ हमारे साथ घटता है, वह प्रभु के हाथों में है।

जिन्दगी की चुनौतियों का सामना निडर होकर करो। हम अच्छे से अच्छा करें पर नतीजा प्रभु-इच्छा पर छोड़ दें। प्रभु सदा हमारे साथ हैं, जीवन के सागर में हमारा मार्गदर्शन करते हुए।

□□

34) प्रभु इंसानी शरीर में देखा जा सकता है

एक व्यक्ति के बारे में दृष्टान्त आता है जो कि एक नाई की दुकान पर गया। जब नाई बाल काट चुका तो उसने व्यक्ति को दर्पण दिखाया ताकि वह अपने बालों की नई शैली देख सके। जब नाई ने दर्पण उसके सामने किया तो व्यक्ति ने उसमें देखा कि राजा अपने बहुत से संगी-साथियों के साथ उसके पीछे से गुजर रहा था।

नाई ने उत्सुक होकर व्यक्ति से कहा, "मुड़ जाओ और राजा को गुज़रते हुए देखो।"

व्यक्ति ने शान्ति से उत्तर दिया, "मुझे मुड़ने की कोई जरूरत नहीं है, क्योंकि दर्पण में मुझे राजा जाते हुए दिख रहा है।"

कहा जाता है कि महान पैगम्बर (ईसाई धर्म) यहेजकेल नदी के किनारे पर खड़े हुए थे। पानी को निहारते हुए, वे ध्यानावस्था में चले गए। अचानक जब वे नदी के पानी को देख रहे थे, उन्हें सात स्वर्गों और अलौकिक फरिश्तों का दृश्य दिखाई दिया और प्रभु की शान उनके आगे प्रकट हुई। यह सारा रहस्योद्घाटन पानी को निहारते हुए हुआ।

ये दो उदाहरण मिलकर एक गूढ़ बात समझाते हैं। प्रभु को हम अपनी आत्मा में देख सकते हैं। अनेक लोग सोचते हैं कि प्रभु वह सत्ता है जिसका अस्तित्व हमसे बाहर है। महान पैगम्बर ने नदी को निहारते हुए स्वर्गों का दृश्य देखा। ध्यानाभ्यास भी ऐसा ही है। यह अपने असली आपा, यानी आत्मा में देखने का अभ्यास है ताकि हम परमात्मा को पा सकें। यह अपनी आत्मा को जानने की प्रक्रिया है ताकि हम परमात्मा को जान सकें।

जब हम अपनी आत्मा में देखते हैं तो हम वहाँ परमात्मा को खोज रहे होते हैं। इसलिए आत्मा की शुद्धता इतनी आवश्यक है। हम अपनी आत्मा में परमात्मा को इसलिए नहीं देख पाते क्योंकि हमारी आत्मा पर मैल की परतों की परतें जमी पड़ी हैं। यह मैल हमारी आत्मा पर युगों-युगों के कर्मों के कारण जमी है। हम अनेक प्रकार के बुरे विचारों, वचनों और कार्यों में लिप्त रहे हैं। हम न सिर्फ अपने कर्मों की मैल से ढके हैं, बल्कि हमारे ऊपर अपने विचारों, वचनों और

कार्यों की प्रतिक्रियाओं का भी बोझ पड़ा हुआ है। इन परतों से हमारी आत्मा का चमकता हुआ दर्पण गन्दा हो गया है और हम उसमें प्रभु को स्पष्ट रूप से नहीं देख सकते हैं। इन परतों ने नदी के जल को मैला कर दिया, इसलिए अलौकिक दृश्य उससे परावर्तित नहीं होते हैं।

अपने शरीर में ब्रह्माण्ड को देखने के लिए अपने हृदय के दर्पण को साफ करना जरूरी है। हमें प्रभु को देखने के लिए दूर देखने की जरूरत नहीं है, पर हमें उन परतों के पार देखना होगा जो हमारे ऊपर इकट्ठी हो चुकी हैं।

हम इन परतों को साफ कर सकते हैं, अगर हम और नई परतें बनानी छोड़ दें। हम ध्यानाभ्यास में बैठकर अपनी पुरानी परतों को हटा सकते हैं। तब, धीरे-धीरे, दर्पण साफ हो सकता है। हम वहाँ पर प्रभु की निर्मल ज्योति परावर्तित होती देख सकते हैं। हम पाएँगे कि प्रभु हर समय हमारे अन्तर में हैं और इंतजार कर रहे हैं कि हम उस तक पहुँचें।

जैसे कि दर्पण में दिखाई देते राजा में और वास्तव में दिखाई देते राजा में कोई अन्तर नहीं था, ऐसे ही सार्वभौमिक प्रभु में और आत्मा में बसे प्रभु में कोई अन्तर नहीं है। प्रभु प्रभु है और वह एक ही है, चाहे वह तुममें प्रकट हो या मुझमें, एक व्यक्ति में प्रकट हो या अगले में। वह एक है।

हम सदाचारी जीवन, निःस्वार्थ सेवा और ध्यानाभ्यास के द्वारा अपने हृदय को साफ कर सकते हैं। तब हम अपने हृदय के दर्पण में देख पाएँगे और वहाँ पर प्रभु को पाएँगे।

□□

35) प्रभु अच्छे और बुरे, सबका ख्याल करते हैं

सूफी सन्त राबिया बसरी को सदा प्रभु पर अटल विश्वास था। वह एक सादा जीवन जीती थी। उसके मित्रों को अक्सर चिन्ता रहती थी कि क्या उसके पास जीने के लिए पर्याप्त साधन हैं। वे उसके पास आते रहते थे और उसकी मदद करना चाहते थे। जब भी वे ऐसा करते, वह उन्हें यह उत्तर देती, "मैं दुनियावी चीजें उससे भी माँगते हुए शर्म महसूस करती हूँ जिसने कि यह दुनिया बनाई है और जो सम्पूर्ण सृष्टि का मालिक है, इसलिए मैं उनसे मदद कैसे माँग सकती हूँ जो कि संसार के मालिक नहीं हैं?"

उसके मित्र हतोत्साहित होकर वहाँ से चले जाते क्योंकि वह प्रभु पर इतना भरोसा करती थी कि वह लगातार अपने मित्रों की मदद को मना कर देती थी।

एक अन्य मौके पर, उनके एक सन्त सुलभ मित्र, बसरा के हसन उनसे मिलने आए। जब वे आए तो उन्होंने पाया कि उनकी कुटिया के बाहर बैठा एक अमीर आदमी अन्दर जाना चाह रहा था। वह स्वर्ण से भरा एक थैला लिए था, जो वह राबिया को अर्पित करना चाहता था। जब हसन पास आए, तो उन्होंने उस अमीर आदमी को रोता हुआ पाया। "तुम क्यों रो रहे हो?" हसन ने पूछा। उस व्यक्ति ने उत्तर दिया, "मैं आँसू बहा रहा हूँ क्योंकि मैं राबिया जी से बहुत प्रभावित हुआ हूँ। वे हमारे युग की एक महान सन्त हैं। अगर उनकी दुआएँ साथ नहीं होतीं, तो मानवता खत्म हो जाती। मैं उनकी सेवाओं के लिए उन्हें यह भेंट देना चाहता हूँ पर मुझे डर है कि वे इसे स्वीकार नहीं करेंगी। अगर आप मेरी ओर से पैरवी करोगे, तो हो सकता है, वे आपकी बात सुन लें और इसे स्वीकार कर लें।"

अतः हसन राबिया की कुटिया में चले गए और उस अमीर आदमी का सन्देश उसे सुनाया।

राबिया ने हसन को तिरछी नजर से देखा और अमीर आदमी की भेंट अस्वीकार करते हुए कहा, "जो खुदा अपने निन्दकों का भरण-पोषण करता है तो क्या वह उनका भरण-पोषण नहीं करेगा जो उससे प्रेम करते हैं? प्रभु उन लोगों को भोजन दिलवाने से मना नहीं करता है जो उसको बुरा-भला कहते हैं तो प्रभु

कैसे उन लोगों को भोजन दिलवाने से मना कर सकता है जिनकी आत्मा प्रेम से ओतप्रोत है?"

राबिया की ज़िन्दगी से यह उदाहरण हमें यह सोचने को बाध्य कर देता है कि हमें प्रभु में कितना विश्वास है। हम अक्सर चिन्तित रहते हैं कि क्या हर महीने हम इतना कमा पाएँगे कि हम अपने सारे खर्चे वहन कर सकें। हम सोचते रहते हैं कि क्या हम अपने मकान का किराया या उसकी किश्त दे पाएँगे। हमें अपने परिवार की दवाइयों के खर्चे की चिन्ता रहती है। हम देखते हैं कि खाद्य-पदार्थों की कीमतें बढ़ रही हैं और हम सोचने लगते हैं कि जीवन की मूलभूत आवश्यकताओं को पूरा करने के लिए हम धन कैसे जुटा पाएँगे। जब शेयर बाजार में कीमतें गिरने लगती हैं तो हम अपने आर्थिक भविष्य की चिन्ता करने लगते हैं। हम वह सच नहीं जान पाते जो राबिया ने स्वयं अनुभव किया था। जो भी आत्माएँ इस संसार में आती हैं, प्रभु उन सभी को भोजन दिलाता है, चाहे वे एक सदाचारी जीवन जी रहे हों या पापों से भरे हों और नकारात्मक कार्य करते हों।

इस संसार में करोड़ों लोग पैदा होते हैं। कुछ इंसान सदाचारी और देव तुल्य जीवन जीते हैं। कुछ इंसान अपराध करते हैं, बुरे कार्य करते हैं। पर प्रभु सूर्य को हरेक पर एक जैसा चमकने देता है। प्रभु अच्छे और बुरे, सभी पर एक जैसी वर्षा बरसने देता है। प्रभु इस ग्रह पर, अच्छे और बुरों को एक जैसा भोजन दिलवाता है। अगर प्रभु उन लोगों का ख्याल करता है जो उसकी निन्दा करते हैं या दुष्ट कर्म करते हैं तो प्रभु उन लोगों का ख्याल क्यों नहीं रखेगा जो अच्छे हैं, जो प्रभु से प्रेम करते हैं?

जब हम आत्मा की नजर से जीवन को देखते हैं तो हमें विश्वास होता है कि प्रभु हमारा ध्यान रखेंगे। जब हम संसार को एक भक्त के दृष्टिकोण से देखते हैं, तो हम पाते हैं कि प्रभु हमसे प्रेम करते हैं और हममें से हरेक का पालन-पोषण करते हैं, चाहे हम सन्त हों या पापी हों। प्रभु विभिन्न प्रकार के इंसानों में भेदभाव नहीं करते हैं। सभी प्रभु के बच्चे हैं और वे अच्छे और बुरे लोगों की एक जैसी सहायता करते हैं।

□□

प्रभु-प्रेम

36) मालिक के लिए उपहार

एक दिन, एक वृद्ध महिला अमरीका के महान राष्ट्रपति अब्राहम लिंकन से मिलने गई। उस महिला ने राष्ट्रपति से मिलने के लिए प्रार्थना पत्र दिया था और उसे समय दे दिया गया। जब वह वहाँ पहुँची तो उसके हाथ में एक ढकी हुई टोकरी थी।

राष्ट्रपति ने उसका स्वागत किया और यह सोचते हुए कि यह महिला एक नई समस्या उसके सामने रखेगी, उन्होंने पूछा, "बताएँ बहन जी, आपकी टोकरी में क्या है?"

उसने टोकरी को खोला और कहा, "प्यारे राष्ट्रपति जी, मैं आपके लिए ताजे बने हुए बिस्कुट लाई हूँ।"

राष्ट्रपति ने उसकी ओर देखा और पूछा, "और कोई बात?"

उसने कहा, "नहीं श्रीमान, मैं आज यहाँ आपसे अपने लिए या अपने किसी प्रियजन लिए कुछ माँगने नहीं आई हूँ। मैंने सुना कि आपको बिस्कुट पसन्द हैं और मैं आपके लिए यह टोकरी लाई हूँ।"

उनकी आँखें भर आईं और वे कुछ बोल नहीं पाए।

अन्त में, उन्होंने कहा, "आपके शुभ विचार और निःस्वार्थ कार्य ने मुझे बहुत प्रभावित कर दिया है। जब से मैं राष्ट्रपति बना हूँ, हजारों लोग मुझसे मिलने मेरे ऑफिस में आए, पर आप पहली हैं जोकि अपने लिए या किसी अन्य के लिए कुछ माँगने के लिए नहीं आई हो!"

यह ऐतिहासिक वृत्तान्त प्रभु से और सन्तों-महात्माओं से हमारे सम्बन्ध को आसानी से समझा सकता है। अगर हम प्रभु के स्थान पर बैठे होते तो हम देखते कि अधिकतर व्यक्ति प्रभु के पास तब आते हैं, जब उन्हें अपने लिए या किसी अन्य के लिए कुछ सहायता चाहिए होती है। लोग आमतौर से प्रभु से तब प्रार्थना करते हैं, जब वे मुसीबत में होते हैं और वे मदद चाहते हैं। लोग प्रभु के पास अक्सर तब आते हैं जब उन्हें कोई शारीरिक कष्ट होता है, जैसे कोई दुर्घटना या बीमारी होती है, आर्थिक कठिनाई होती है, सम्बन्धों में समस्या होती है, विद्यालय में कम अंक आते हैं या नौकरी-पेशे में दिक्कत होती है। गिने-चुने लोग ही, विना

प्रभु से कुछ माँगे, प्रभु के प्रति कृतज्ञता और प्रेम दिखाने के लिए, उसकी याद में बैठते हैं।

प्रभु को सर्वोत्तम भेंट हम यह दे सकते हैं कि हम प्रभु के प्रति प्रेम की खातिर प्रभु के पास जाएँ। हम यह नहीं समझते कि प्रभु एक प्यारे माता-पिता जैसे हैं। हम प्रभु से सिर्फ प्रभु को ही माँगें। तब हम देखेंगे कि हम उनसे इतना अधिक पाएँगे जितना कि हम उनसे मदद माँगने के बाद नहीं पाते।

प्रभु हमें सभी प्रकार के आशीर्वाद देना चाहते हैं। पर हम प्रभु के पास छोटी-छोटी चीजें माँगने जाते हैं। जब प्रभु हमारी इच्छानुसार, हमारी एक समस्या सुलझाते हैं फिर भी हमारे पास अनेक अन्य समस्याएँ रह जाती हैं। अगले सप्ताह तक, हम वह समस्या भूल जाते हैं और एक नई पैदा हो जाती है।

अगर हम प्रभु के पास प्रेम की टोकरी लेकर जाएँ तो हमें प्रभु की दया प्रचुर मात्रा में मिलेगी। प्रभु के प्रेम, आनन्द और खुशी से भरपूर होने पर, हमें अनेक समस्याओं से गुजरने में मदद मिलेगी। जब हम यह जानेंगे कि प्रभु हमारे साथ हैं, तो हमें जीवन की कठिनाइयों का सामना करने के लिए धैर्य और साहस मिलेगा।

□□

आध्यात्मिक ज्ञान पाना

37) अनुभव का महत्त्व

अंग्रेजी व्याकरण का एक प्रोफेसर एक नाविक के साथ नाव में बैठा था। साहित्यिक क्षेत्र में अपनी उपलब्धियों के घमण्ड से भरकर, उसने नाविक से पूछा, "क्या तुमने कभी व्याकरण सीखी है?"

नाविक ने कहा, "नहीं, मैंने नहीं सीखी।"

कटाक्ष के साथ, व्याकरण के प्रोफेसर ने कहा, "तब तो तुमने अपनी आधी ज़िन्दगी बर्बाद कर दी!" नाविक प्रोफेसर के अभद्र वचनों से व्याकुल हो उठा, पर बाहर से वह शान्त रहा।

थोड़ी सी देर में, जैसे वे पानी में जा रहे थे, एक संकट आया। अचानक, नाव एक भँवर में फँस गई और नाविक उसे किसी भी प्रकार से बाहर नहीं निकाल पाया। इस भय के साथ कि नाव डूब जाएगी, नाविक उफनती लहरों के शोर में चिल्लाया, "हे प्रोफेसर, तुम्हें तैरना आता है?" व्याकरण के प्रोफेसर ने तिरस्कार से उत्तर दिया, "अवश्य ही नहीं। मुझसे तैरना जानने की उम्मीद मत रखो। मैंने ऐसे बेकार के कामों में समय बर्बाद नहीं किया है।" नाविक ने उसे बताया, "अच्छा! अब यह नाव भँवर की लहरों में डूबने जा रही है और यह तुम हो जिसने तैरना न सीखकर अपनी आधी ज़िन्दगी बर्बाद कर दी है क्योंकि अब तुम डूबने वाले हो।"

मौलाना रूमी द्वारा अपनी पुस्तक 'मसनवी' में लिखी गई यह कहानी एक महत्त्वपूर्ण सत्य की ओर इशारा करती है। यह हमें इस बात पर विचार करने को कहती है कि हम अपनी ज़िन्दगी कैसे बिताते हैं और हम किसे महत्त्व देते हैं। प्रोफेसर को अपनी बुद्धिमता पर बहुत घमण्ड था पर जब तैरने के व्यावहारिक अनुभव की बात आई तो उसके बौद्धिक ज्ञान ने उसकी कोई मदद नहीं की। उसकी ज़िन्दगी तैरने की सामर्थ्य पर आधारित थी पर अपने जीवन में उसने उसे महत्त्व नहीं दिया था। वह अपनी व्याकरण की पुस्तकों के अध्ययन में व्यस्त था और उसने कभी महसूस नहीं किया था कि जीवन में कभी उसे कुछ अन्य सीखने की जरूरत पड़ेगी।

हममें से अधिकतर उसी नाव में हैं। हम अपना जीवन भौतिक और

बौद्धिक लक्ष्यों को पाने में लगा देते हैं, पर हम अध्यात्म से अनजान रहते हैं। जब भौतिक मृत्यु की उफनती लहरें हमारे ऊपर आ जाती हैं तो हममें कोई आध्यात्मिक क्षमता नहीं होती कि हम अपने जीवन के अन्त में से आसानी से निकल सकें। जब हमें खबर मिलती है कि हमें एक जानलेवा बिमारी है या अचानक हमें अपनी मृत्यु दिखाई देती है तो हम भयभीत हो जाते हैं। हमें समझ नहीं आता कि हम क्या करें। हमने अपना समय जीवन और मृत्यु का सच्चा अर्थ समझने में नहीं लगाया होता है और हम अपने अन्त से डर जाते हैं।

जिन व्यक्तियों ने ध्यानाभ्यास के द्वारा आध्यात्मिक धारा में तैरना सीखने में अपना जीवन गुज़ारा है, उन्हें कोई डर नहीं होता। वे अपने अन्त का शान्ति और निडरता से सामना करते हैं। कैसे? वे इसी जीवन में परलोक के जीवन की शान देख चुके होते हैं। वे देहाभास से ऊपर उठने की कला सीख चुके होते हैं और स्वयं परलोक के क्षेत्रों को देख चुके होते हैं। जब उनका भौतिक अन्त आता है तो उन्हें किस बात का डर होगा? जब उनके शरीर की भौतिक नाव डूबने वाली होगी तो उन्हें परलोक में तैरना आता होगा।

अधिकतर इंसान भौतिक मृत्यु की सच्चाई की तब तक उपेक्षा करते हैं जब तक कि बहुत देर नहीं हो जाती। वे समझते हैं कि बौद्धिक ज्ञान, धन-सम्पत्ति, नाम और सत्ता अर्जित करना अधिक महत्त्वपूर्ण है। पर जब मृत्य पास आती है तो उन्हें अनुभव होता है कि बौद्धिक ज्ञान और सांसारिक जायदादें किसी काम के नहीं हैं। उस अवसर पर, वे पछताते हैं कि उन्होंने आत्मा, परमात्मा और परलोक की जानकारी पाने में अधिक समय क्यों नहीं व्यतीत किया।

जो व्यक्ति छोटी उम्र में अध्यात्म की शिक्षा पा लेते हैं, वे भाग्यशाली हैं। वे प्रतिदिन कुछ समय अपने आध्यात्मिक अभ्यास में लगा सकते हैं ताकि वे इसी जीवन में देहाभास से ऊपर उठने की कला में माहिर हो सकें। तैरने के जैसे, इसका अभ्यास करना है। दैनिक ध्यानाभ्यास से हमारी आध्यात्मिक कुशलता विकसित होगी ताकि हम वहाँ पर पहुँच सकें, जहाँ पर हम अन्तर के रूहानी मंडलों का अनुभव पा जाएँ।

अगर हम ध्यानाभ्यास की कला में निपुण हो जाएँ, तब नाविक के जैसे, जो कि तैरना जानता था, हम जीवन के उग्र महासागर को सफलतापूर्वक पार कर जाएँगे और आध्यात्मिक बन्दरगाह में आश्रय पा जाएँगे।

□□

38) सोच-समझकर मित्र बनाओ

कुछ स्थानों पर, लोग एक उच्च किस्म के गुलाब के साथ निम्नतर किस्म का गुलाब का पौधा लगा देते हैं। ऐसा इसलिए किया जाता है ताकि निम्नतर किस्म के गुलाब का परागण (Pollination) अपने ही परागों से न हो जाए ताकि निम्नतर किस्म के गुलाब का वंश न चलता रहे। इस धारणा को यह रूपरेखा दी गई है ताकि परागण उच्चतर किस्म के गुलाबों से हो और निम्नतर किस्म के गुलाब का स्तर ऊँचा हो सके।

यह सिद्धान्त हमारे अपने जीवन में भी हमारा मार्गदर्शन कर सकता है। यह कहा गया है कि कोई इंसान अपनी संगति से जाना जाता है। अगर हम अमीर बनना चाहते हैं तो हमें धनवान लोगों की सोहबत करनी चाहिए। ऐसा करके हम उनके जैसे सोचने और उनके जैसे कार्य करने लगेंगे और हो सकता है, हम भी अमीर हो जाएँ। अगर हम धावक बनना चाहते हैं तो हमें धावकों के साथ समय बिताना चाहिए। इस प्रकार हम उनके जैसा जीवन बिताने को प्रेरित होगे। हम पाएँगे कि हम अधिक कसरत करेंगे, अपने आप को बलिष्ठ करेंगे, आहार पर ध्यान देंगे और दौड़ने का अभ्यास करेंगे। अगर हम लेखक बनना चाहते हैं तो हमें लेखकों की संगति में रहना चाहिए और उस कला का अनुसरण करने के लिए प्रेरणा लेनी चाहिए।

इसी प्रकार, अगर हम आध्यात्मिक रूप से विकसित होना चाहते हैं तो हमें ऐसे लोगों की संगति में रहना चाहिए जो स्वयं आध्यात्मिक रूप से विकसित हो चुके हैं। ऐसे लोगों के बीच में, हम आत्मा-परमात्मा के सोच-विचार में अधिक समय व्यतीत करेंगे, आध्यात्मिक विषयों पर बातचीत करेंगे और आध्यात्मिक अभ्यासों में समय बिताएँगे। अगर हम किसी ऐसे के साथ समय व्यतीत करेंगे, जो ध्यानाभ्यास करता हो, तो हो सकता है, हम भी ध्यानाभ्यास करने लगें। अगर हम उन लोगों की संगति में रहेंगे जो सदाचारी जीवन और सद्गुणों को महत्त्व देते हैं तो हम पाएँगे कि हम भी वैसा ही करने लगेंगे।

हम अपनी संगति पर ध्यान दें। क्या हम ऐसे मित्र चुनते हैं जो कि हमारे व्यक्तिगत विकास के लिए हमें गलत विकल्पों को ओर ले जाते हैं या हम ऐसे

दोस्त चुनते हैं जो हमें आध्यात्मिक जीवन जीने में मदद करते हैं? जब हम गर्म होना चाहते हैं तो हम आग के पास बैठते हैं। जब हम ठण्डा होना चाहते हैं तो वातानुकूलक या बर्फ की सिल्ली के पास बैठते हैं। जब हम आध्यात्मिक जीवन जीना चाहते हैं, तो हम आध्यात्मिक प्रवृत्ति वाले व्यक्ति ढूँढ सकते हैं और उनके साथ समय बिता सकते हैं।

अगर सौभाग्य से हमें किसी ऐसे की संगति मिले जोकि आध्यात्मिक अनुभवों को पा चुका है तो वह संगति और भी अच्छी है। ऐसे व्यक्ति से रूहानियत चारों ओर प्रसारित होती है जिसके द्वारा हम रूहानी तौर से जाग सकते हैं। ऐसी हस्ती के नजदीक आकर, हमारा ध्यान जीवन के आध्यात्मिक मूल्यों की ओर जाता है। वहाँ का वातावरण सीधे हमारी आत्मा से सम्पर्क करता है। जो कोई अपनी आत्मा को जान लेता है, उसकी ओर हमारी आत्मा खिंची जाती है। उसकी चुम्बकीय शक्ति हमें ऊपर खींच लेती है और हमारा ध्यान अन्तर में मौजूद रूहानी खजानों की ओर टिक जाता है।

अगर हम अपने ध्यानाभ्यास में सुधार चाहते हैं तो हम सोचें कि हम अपना समय कैसे बिताते हैं। अगर हम समय आध्यात्मिक रूप से जाग्रत और अध्यात्म में रुचि रखने वाले व्यक्तियों के साथ बिताते हैं तो हम पाएँगे कि हमारा ध्यान अधिक एकाग्र रहेगा और हमारा ध्यानाभ्यास अधिक फल देगा। अपनी संगति को समझदारी से चुनकर, हमें आध्यात्मिक पथ पर तरक्की करने में मदद मिलेगी।

□□

39) मन और आत्मा के सबक

जब हम रूहानी रास्ते पर चलना शुरू करते हैं तो रूहानी शिक्षाओं के दो पक्ष हैं। एक सैद्धांतिक पक्ष है जिसमें हम मन में उठने वाले प्रश्नों के उत्तर पाते हैं और दूसरा व्यावहारिक पक्ष है जिसमें हम अपनी आत्मा की गहराइयों में आध्यात्मिक सच्चाइयों का अनुभव करते हैं। हालाँकि दोनों पक्षों की अच्छी जानकारी होना महत्त्वपूर्ण है पर एक ऐसा समय आता है जब हमें अवश्य ही ध्यानाभ्यास में अधिक समय और तवज्जोह देनी होती है ताकि हम सच्चा अनुभव पा सकें। सैद्धान्तिक पक्ष पर जरूरत से ज्यादा जोर देने पर हमारा ध्यान उन अभ्यासों से दूर हो सकता है जोकि हमें करने हैं। हालाँकि मन को शान्त करने के लिए उसमें उठने वाले प्रश्नों के उत्तर पाना जरूरी है, पर हम मानसिक वाद-विवाद में नहीं उलझें, क्योंकि वह मकड़ी के जाल जैसा है, जिससे निकलना आसान नहीं है।

इस बात को समझने के लिए, भगवान बुद्ध के विवेक को देखो। उन्होंने पैंतालिस वर्ष आध्यात्मिक सच्चाइयों के निःस्वार्थ प्रचार में बिता दिए। वे दुःखी आत्माओं की मदद करना चाहते थे ताकि वे जाग्रत हो सकें और कर्मों के चक्र से मुक्त हो सकें, जोकि उन्हें इस संसार से बाँधे रखता है। वे करुणा से भरपूर थे और वे अपने आराम की परवाह किए बिना, मानवता की सेवा करते थे। उन्होंने स्वयं का बलिदान दिया ताकि दूसरे लोग निवार्ण का मार्ग पा सकें। यह कहा जाता है कि भगवान बुद्ध वर्ष में आठ महीने यात्रा करते थे ताकि लोगों को मुक्ति का रास्ता दिखा सकें। वे केवल वर्षा के मौसम में यात्रा नहीं करते थे और तब वे एक स्थान पर रहते थे। वे किसी जाति, धर्म, रंग या सामाजिक स्तर के भेदभाव के बिना, अपनी शिक्षाएँ हर एक को दिया करते थे। उन्होंने हर एक को जाग्रति का मार्ग खोजने का समान अवसर दिया।

एक दिन, मलुन्क्यपुट्ट नामक एक शिष्य भगवान बुद्ध का साक्षात्कार लेना चाहता था। मलुन्क्यपुट्ट का मन बहुत चलायमान था और ध्यानाभ्यास के दौरान उसके मन में हमेशा प्रश्न घूमते रहते थे, जैसे कि, "क्या संसार सीमित है या असीमित? क्या आत्मा और इंसानी शरीर एक ही हैं?" मन को स्थिर करने

और ध्यान को एकाग्र करने के बजाय, वह ध्यानाभ्यास का समय इन दार्शनिक प्रश्नों के बारे में सोचने में लगा देता था। अतः भगवान बुद्ध के साथ अपने साक्षात्कार में, शिष्य ने बुद्ध को ध्यानाभ्यास में होने वाली कठिनाई के बारे में बताया।

शिष्य बोला, "हे महान आत्मा, कृपया इन प्रश्नों के उत्तर दीजिए। अगर आप देंगे तो मैं आध्यात्मिक मार्ग पर टिका रहूँगा। अगर आप इन प्रश्नों के उत्तर नहीं देंगे तो मैं आपके पवित्र संघ को छोड़ दूँगा।"

बुद्ध ने उत्तर दिया, "हे मलुन्क्यपुट्ट, क्या मैंने कभी तुमसे यह मार्ग अपनाने के लिए कहा था और क्या मैंने कभी तुमसे यह वायदा किया था कि मैं तुम्हारे मन में उठने वाले सभी प्रश्नों के उत्तर दूँगा?" शिष्य ने संकोच से उत्तर दिया, "नहीं!"

भगवान बुद्ध ने प्रेम से समझाया, "जो कोई भी इन अर्थहीन बातों के बारे में चिन्ता करता है कि यह संसार सीमित है या असीमित या कि आत्मा शरीर जैसी दिखती है या नहीं, वह आध्यात्मिक अभ्यासों का समय बर्बाद करता है। यह कुछ ऐसा है जैसे किसी को तीर मारा गया हो और वह डॉक्टर से इलाज करवाने की बजाय, ताकि जहर को निकाल दिया जाए, यह कहने लगे, 'मैं तब तक इलाज नहीं करवाऊँगा, जब तक मुझे पता नहीं लग जाता कि तीर किसने मारा है, वह कैसा इंसान है, वह लम्बा है या ठिगना है, उसने किस प्रकार का धनुष और तीर इस्तेमाल किया है, या उसकी चमड़ी का रंग कैसा है।' कुंजी यह है कि पहले इलाज लिया जाए। ऐसे ही, अगर हम कहें कि हम तब तक ध्यानाभ्यास नहीं करेंगे जब तक हमें इन प्रश्नों का उत्तर नहीं मिल जाता कि ब्रह्माण्ड शाश्वत है कि नहीं और ऐसे अन्य प्रश्न, तो हो सकता है, हमारा पूरा जीवन गुजर जाए और हम कभी भी आध्यात्मिक लक्ष्य तक न पहुँच पाएँ।"

भगवान बुद्ध ने आगे समझाया, "मैं वे बातें बताता हूँ जो महत्त्वपूर्ण हैं, न कि महत्त्वहीन। मैं चाहता हूँ कि इसी जीवन में लोग दुख और कष्टों से मुक्ति पा जाएँ। यही जानना महत्त्वपूर्ण है कि जाग्रति पाने के लिए आध्यात्मिक जीवन कैसे जिया जाए।"

इसी बात को और समझाने के लिए, एक दिन, कोसाम्बी के निकट सिम्सपा जंगल में, बुद्ध अपने शिष्यों के साथ बैठे हुए थे।

बुद्ध ने कुछ पत्ते उठाए और अपने शिष्यों से पूछा, "आपका क्या ख्याल है, क्या अधिक है? मेरे हाथ में कुछ पत्ते या चारों ओर जंगल के पत्ते?"

शिष्यों ने कहा, "हे महान आत्मा, आपके हाथ में कुछेक ही पत्ते हैं जबकि जंगल में बहुत सारे हैं।"

तब बुद्ध ने उन्हें बताया, "मेरी शिक्षाओं के साथ भी ऐसा ही है। जो सब कुछ मुझे पता है, उसका मैंने तुम्हें थोड़ा सा ही बताया है। जो मैंने तुम्हें नहीं बताया है, वह जंगल के पत्तों के जैसे, बहुत अधिक है। मैंने वह सब, जो मुझे पता है, तुम्हें क्यों नहीं बताया? कारण यह है कि वह सारी जानकारी तुम्हारी मददगार नहीं होती। जो जानकारी तुम्हें जाग्रत करने में लाभदायक नहीं थी, वह मैंने तुम्हें नहीं बताई। मैंने तुम्हें वही बताया है, जो आध्यात्मिक अनुभव और मुक्ति पाने के लिए जरूरी था।"

जब हम स्वयं अपनी ज़िन्दगी के बारे में सोचते हैं तो हममें से कई बौद्धिक वाद-विवाद में फँस जाते हैं। पर एक समय ऐसा आता है जब हमें पता चलता है कि मन कभी भी अपनी तकरार को नहीं छोड़ेगा। हमें फर्क पहचानना है कि कौन से प्रश्न हमारे आध्यात्मिक विकास में मददगार होंगे और कौन से मात्र बौद्धिक जिज्ञासा को शान्त करने के लिए हैं। अध्यात्म के सैद्धान्तिक पक्ष पर सभी धर्मों में हजारों पृष्ठ लिखे गए हैं। अगर हम आज उन सभी पृष्ठों को पढ़ना शुरू कर दें तो हो सकता है, हम अपनी ज़िन्दगी में उन्हें खत्म न कर पाएँ। जो लोग धर्म के सैद्धान्तिक पक्ष में डूबे पड़े हैं, वे धर्म-पुस्तकों में लिखी हर बात पर वाद-विवाद में वर्षों लगा सकते हैं पर हो सकता है, वे कभी कोई उत्तर न पाएँ। इस छोटे से जीवन में, जो हमारे पास है, यह बेहतर होगा कि हम आध्यात्मिक साधनाओं में समय गुजारें, ताकि हम अपनी सीमित बुद्धि से ऊपर उठ सकें और अपनी आत्मा के सम्पर्क में आ सकें। तब, हमें उत्तर पाने के लिए परेशान नहीं होना पड़ेगा क्योंकि तब हम अवश्य ही उन्हें जान जाएँगे और स्वयं उनको देखेंगे। हमारी आत्मा में सभी उत्तर मौजूद हैं क्योंकि वह प्रभु से एकमेक है।

आओ, हम अपने ध्यानाभ्यास का बहुमूल्य समय सृष्टि की जटिलता के बारे में सोचकर न गँवाएँ। बल्कि उस समय में हम मन को शान्त करें ताकि आत्मा अंतर की ज्योति के सम्पर्क में आ सके। उस ज्योति में लीन होकर, आत्मा अन्तर की सच्चाइयों के प्रति जाग्रत हो जाएगी। यह हमारे अन्तर में छुपे विवेक को पाने के लिए मुक्त होगी। तब, और प्रश्नों की जरूरत नहीं रहेगी, क्योंकि हम स्वयं अन्तर में सच्चाई का अनुभव पा जाएँगे।

अगर हम महसूस करें कि आंतरिक यात्रा को रोकने की जरूरत है या हमारा मन इतना बेचैन हो जाए कि हम ध्यान न टिका पा रहे हों और पूरी

ईमानदारी से, हमें समाधान चाहिए, तो हमें वह उत्तर खोजना होगा। पर अगर हम सिर्फ एक खेल या शौक के रूप में अपनी जिज्ञासा को शान्त करना चाह रहे हों तो हम समय बर्बाद करते हैं। अपने अन्तर में जाकर और अपनी आत्मा से उत्तर पाकर हम उसी समय का बेहतर इस्तेमाल कर सकते हैं।

जब हम ध्यानाभ्यास में बैठें, हम आंतरिक बुद्धिमत्ता की खोज करें। आओ, हम पूर्णतया स्थिर होकर बैठें और मन को शान्त करें। हम देखेंगे कि न सिर्फ आत्मा की तृप्ति के लिए हम आध्यात्मिक जाग्रति पाएँगे बल्कि, एक उपफल के जैसे, हम वह सब भी जान जाएँगे जो हमारे मन को तृप्त करने के लिए आवश्यक है।

□□

आध्यात्मिक साधना

40) आत्मा के लिए सर्वोत्तम मिट्टी

हमारे अन्तर की गहराई में हमारी आत्मा है; ज्योति, प्रेम और शान्ति से भरपूर। पर, मन-माया और जड़ता के पर्दों ने आत्मा को ढक रखा है। आत्मा प्रेम और आनन्द की अपनी निज अवस्था में जाना चाहती है पर लगातार इच्छा-पूर्ति की मन की चाहत ने इसे रोक रखा है। मन सांसारिक मनोरंजनों का आशिक है। दुर्भाग्य से, वे आकर्षण अस्थायी हैं। वे हमसे छिन सकते हैं, खत्म हो सकते हैं या खो सकते हैं, इसलिए हमारे मन को बहुत अधिक दुःख-दर्द सहना पड़ता है। इस प्रकार, हमारा जीवन एक हिंडोला जैसा है जिसमें हम खुशी और पीड़ा के चक्रों से गुजरते रहते हैं।

अगर हम अपनी आत्मा से जुड़ सकें, तो हम सदा-सदा की खुशी और शान्ति में होंगे। जाग्रत इंसान, जो अपनी आत्मा को जान चुके हैं, वे चाहते हैं कि अन्य लोग भी अपने अन्तर में इसी महानता का अनुभव पाएँ। मानवता के प्रति प्रेम के लिए और मानव के दुःखों को खत्म करने के लिए, वे दूसरों को यह सिखाने का प्रयत्न करते हैं कि वे अपनी आत्मा को कैसे जानें।

भगवान बुद्ध संसार के महानतम आध्यात्मिक गुरुओं में से एक हैं। उन्होंने संसार को जाग्रत होने का एक रास्ता दिखाया। उनसे एक प्रश्न पूछा गया था जिससे हमें मार्गदर्शन मिलता है कि हम सन्तों-महापुरुषों के विवेक का लाभ कैसे ले सकते हैं।

एक बार, एक गाँव का मुखिया भगवान बुद्ध के पास आया। मुखिया ने पूछा, “क्या बुद्ध सभी जीवों के प्रति करुणा भाव रखते हैं?”

बुद्ध ने कहा, “हाँ।”

मुखिया ने आगे पूछा, “क्या बुद्ध अपनी सम्पूर्ण शिक्षा कुछ लोगों को देते हैं, औरों को नहीं?”

इसका उत्तर देने के लिए, बुद्ध ने एक दृष्टांत बताया और कहा, “चलो हम इसको किसान के उदाहरण से समझते हैं। मान लो एक किसान के पास तीन अलग-अलग मिट्टी के खेत हैं। एक खेत की मिट्टी बहुत उपजाऊ है। दूसरे खेत की मिट्टी सामान्य है। तीसरे खेत की मिट्टी खराब है जिसमें ज्यादा कुछ नहीं उग

सकता है। मान लो किसान खेत में बीज बोना चाहता है। तुम्हारे ख्याल से, कौने से खेत में वह उन्हें बोएगा?"

गाँव के मुखिया ने उत्तर दिया, "वह सबसे पहले उन्हें उपजाऊ मिट्टी में बोएगा। उस खेत को भर लेने के बाद, वह उस खेत में बीज डालना शुरू करेगा, जिसकी मिट्टी सामान्य है। जो खेत बंजर है, हो सकता है, उसमें वह बीज बोए या न बोए। उन बीजों को नष्ट करने की बजाय, वह उनका प्रयोग जानवरों के चारे में कर सकता है।"

भगवान बुद्ध ने समझाया, "आध्यात्मिक शिक्षाओं के साथ भी ऐसा ही है। जो शिष्य मठवासी (monk) बनना चाह रहे हैं, जो सच की तलाश में हैं, वे उपजाऊ जमीन के जैसे हैं। उनको सम्पूर्ण शिक्षा दी जाती है। वे सभी साधनाओं को और जाग्रति के मार्ग को पूर्ण रूप से सीख लेते हैं। शिष्य मेरे पास दिव्य ज्योति के लिए, शरण के लिए और आश्रय के लिए आते हैं। अतः मैं उन्हें पूरी शिक्षा देता हूँ क्योंकि वे ऐसा ही चाहते हैं।

बुद्ध ने आगे कहा, "आम लोग सामान्य जमीन के जैसे हैं। वे भी शिष्य हैं पर वे मठवासियों के जैसे, अपनी पूरी ज़िन्दगी शिक्षाओं के लिए समर्पित नहीं करना चाहते हैं। पर आम लोगों को भी मैं पूरी आध्यात्मिक शिक्षाएँ देता हूँ। वे भी मेरे पास दिव्य ज्योति के लिए, शरण के लिए और आश्रय के लिए आते हैं।"

तब बुद्ध ने कहा, "जो लोग आध्यात्मिक शिक्षाओं का अनुसरण नहीं करना चाहते, वे बंजर भूमि की तरह हैं। वे जीवन के अन्य कार्यकलापों में व्यस्त रहते हैं। फिर भी, उन लोगों को भी मैं पूरी आध्यात्मिक शिक्षाएँ देता हूँ।"

इस पर, गाँव का मुखिया अचम्भित हुआ और बोला, "आप उन लोगों को अपनी शिक्षाएँ क्यों देते हो जो सुनने को तैयार नही हैं? क्या वह बर्बादी नहीं है?"

भगवान बुद्ध ने इसका उत्तर दिया, "अगर किसी एक दिन वे शिक्षा का एक भी वाक्य समझ लेंगे और उसे दिल में उतार लेंगे, तो उससे उन्हें लम्बे समय तक खुशी और आशीष प्राप्त होंगे।"

इस प्रकार, मुखिया को समझ आया कि भगवान बुद्ध पूरी दुनिया को अपनी शिक्षाएँ देने के लिए आए थे, चाहे वे सभी उसके लिए तैयार थे या नहीं, क्योंकि एक दिन वे तैयार हो जाएँगे।

हम भी इस किस्से से बहुत कुछ सीख सकते हैं। क्या हम उपजाऊ मिट्टी के जैसे बनना चाहते हैं, सामान्य मिट्टी के जैसे बनना चाहते हैं या बंजर मिट्टी के

जैसे बनना चाहते हैं? हमारी आत्मा पुकार रही है कि हम उसके विकास के लिए मिट्टी तैयार करें। आत्मा चाहती है कि हम उपजाऊ मिट्टी के जैसे बन जाएँ ताकि आत्मा विकसित होकर फलदार वृक्ष बन जाए, जो सबको छाया और फल दे। आत्मा लालायित है कि हम उसे पहचानें।

आत्मा लालयित है कि मन शान्त हो ताकि वह अपनी सम्पूर्ण शान और शक्ति का अनुभव पा सके। आत्मा इंतजार में है कि हम मिट्टी तैयार करें। इसको तकलीफ होती है जब हमारी मिट्टी इतनी खराब होती है कि चतुर संतों द्वारा बोया गया विवेक का बीज उसमें पनप नहीं पाता है।

प्रेम और करुणामयी सन्त-महापुरुष हमारे चारों ओर सत्य, दिव्य ज्योति और प्रेम के बीज बखेर रहे हैं। क्या हमारे खेतों की मिट्टी इनके लिए तैयार है? या ये बीज बेकार जाएँगे?

हम मिट्टी तैयार कर सकते हैं ताकि सम्पूर्ण शिक्षाएँ हममें बोई जा सकें और हम जाग्रत हो जाएँ। यह मिट्टी तैयार करने के लिए हमें प्रतिदिन ध्यान टिकाना है जिसमें हमारा मन स्थिर हो और आंतरिक ज्याति के लिए ग्रहणशील हो। हम शान्ति और संतोष का जीवन जी सकते हैं जो कि इच्छाओं से मुक्त हो क्योंकि ये हमें सदाचार के पथ से भटका देती हैं। इच्छाओं से काम, क्रोध, लोभ, मोह और अहंकार पैदा होते हैं। ये पाँच डाकू हमारे अन्तर की शान्ति भंग करते हैं और हमारे ध्यानाभ्यास के रास्ते में एक रुकावट हैं। इच्छाएँ मन को सदा बेचैन और अस्थिर करती हैं। इच्छाओं को कम करके, हम अपने खेत की उर्वरता बढ़ाते हैं ताकि अन्तर में आध्यात्मिक उपहार मिल सकें। प्रेम और सेवा का जीवन जीकर, हम खेत से खर-पतवार साफ करते हैं और उसे जीवनदायी फलदार वृक्षों के लिए तैयार करते हैं, जिससे सभी आनन्दित हो सकते हैं।

जब हम ध्यानाभ्यास में बैठें, हम एक ऐसा खेत जोतें, जो उत्कृष्ट हो; ऐसी मिट्टी तैयार करें, जिसमें आत्मा फल-फूल सके। आत्मा के लिए सर्वोत्तम मिट्टी वह है जो प्रेम, नम्रता, सच्चाई, पवित्रता और निःस्वार्थ भाव से ओतप्रोत हो और जिसे आंतरिक ज्योति पर ध्यानाभ्यास करके जोता गया हो। ऐसी मिट्टी में, सन्तों का सम्पूर्ण विवेक फलेगा-फूलेगा और इससे हम भी जाग्रत हो सकते हैं।

□□

आध्यात्मिक ज्योति

(41) अँधेरे में रोशनी करना

जीवन में हम अनेक चुनौतियों का सामना करते हैं। हमें बिमारियाँ हो सकती हैं, आर्थिक या सम्बन्धों में समस्या हो सकती है या हमारी ख्याति नष्ट हो सकती है। हमें बुरे समय का सामना करना पड़ सकता है पर हमें उस अंधकार में अन्धा नहीं होना है। नीचे दी गई कहानी से हमें एक प्रेरणादायक सन्देश मिलता है जिससे हमें अपने जीवन के बुरे दौर से गुजरने में मदद मिलेगी।

एक समय जमीन के नीचे एक गुफा थी। क्योंकि उसने अपना पूरा जीवन अंधकार में गुजारा था, उसने कभी भी ज्योति नहीं देखी थी।

एक दिन, एक आवाज ने गुफा से बात की और कहा "ऊपर, रोशनी में आओ। ऊपर आओ और सूर्य की रोशनी का आनन्द लो।"

गुफा ने उत्तर दिया, "मुझे नहीं पता, रोशनी से तुम्हारा क्या अभिप्राय है। मुझे सिर्फ अँधेरे के बारे में पता है।"

"आओ और स्वयं देखो", आवाज ने कहा। गुफा ने पूरा साहस बटोरा और पृथ्वी की गहराई से धीरे-धीरे ऊपर चढ़ने लगी। अचानक, वह पृथ्वी की सतह पर पहुँच गई और वहाँ चारों ओर शानदार ज्योति थी, जिसे गुफा ने ज़िन्दगीभर कभी नहीं देखा था।

"यह बहुत आकर्षक है", गुफा ने कहा। कुछ समय ज्योति का आनन्द लेने के बाद, गुफा ने सूर्य की रोशनी से कहा, "अब यह तुम्हारी बारी है कि तुम मेरे साथ चलो और अंधकार को देखो।"

"अँधेरा क्या होता है?" सूर्य की रोशनी ने पूछा।

गुफा ने उत्तर दिया, "आओ और स्वयं देखो।"

एक दिन, सूर्य की रोशनी ने गुफा के घर जाने का फैसला किया। जैसे सूर्य की रोशनी गुफा तक पहुँची, तो उसने कहा, "अब मुझे अपना अँधेरा दिखाओ।" पर सूर्य की रोशनी के आगे, वहाँ कोई अंधकार बचा नहीं था।

यह कहानी ज्योति की शक्ति को दर्शाती है। जहाँ कहीं भी ज्योति होगी, वहाँ अंधकार नहीं रह सकता है। जब भी हम महसूस करें कि हम अपने जीवन के अँधेरे दौर में हैं, तो हमें सिर्फ अपनी आत्मा की ज्योति को देखना है। हम ज्योति स्वरूप हैं। हमारी आत्मा ज्योति स्वरूप है। हमारी असली प्रकृति ज्योति है।

अगर हम सिर्फ अपनी असली प्रकृति को जान जाएँ तो हम पाएँगे कि कोई अंधकार नहीं रहेगा। अगर हम अपनी प्राकृतिक ज्योति और अच्छाई को अपनी रोजमर्रा की ज़िन्दगी में शामिल कर लें, तो हम आगे से कभी भी ज़िन्दगी के अँधेरे से परास्त नहीं होंगे।

हम सभी के अन्तर में आत्मा की ज्योति है, जिसके बारे में सन्तों ने कहा है कि वह ज्योति बाहर के सोलह सूर्यों के बराबर है। पर हम उससे अनजान हैं क्योंकि हम अंधकार और माया से परिपूर्ण बाहरी संसार से जुड़े हुए हैं। अगर हम ध्यानाभ्यास के द्वारा अपने ध्यान को अन्तर की ओर कर लें तो हम पाएँगे कि हम ज्योति स्वरूप हैं। तब, जब भी जीवन में अँधेरा वक्त हमें गिराने की धमकी देगा, हम अन्तर में जाकर ज्योति देख सकते हैं और उसके द्वारा अँधेरा दूर कर सकते हैं।

जब भी हम बीमारी, आर्थिक समस्या, अपयश या किसी हानि का मुकाबला करें, तो हम याद कर सकते हैं कि ये कठिनाइयाँ चमकदार आकाश में क्षणिक बादलों की भाँति हैं। हमारी असलियत ज्योति और प्रेम है। जब हम इस संसार के क्षणभंगुर जड़पदार्थों से जुड़ जाते हैं, हमें दुःख होता है। पर जब हम यह अनुभव कर लेते हैं कि बाहरी घटनाएँ स्वप्न की भाँति हैं, एक क्षणिक और अस्थायी नाटक के जैसे हैं तो हम दुःख और निराशा से ऊपर उठ सकते हैं।

जब जीवन में हमें उदासी मिले, तो हम अपना आंतरिक सामन्जस्य बनाए रखें। जब हमें कोई दुर्भाग्य लगे, तो हम उन अनेक अवसरों की गिनती करें, जब हम सौभाग्यशाली रहे थे। जब हम असफल हो जाएँ, तो हम अपनी गलतियों से सीखें और दोबारा से कोशिश करें। जब हम स्वयं को अंधकार में पाएँ, तो हम अपनी आँखें बन्द करें और अन्तर में एकाग्र हो जाएँ, जब तक हमें ज्योति न दिखने लगे। वह ज्योति अपने साथ शान्ति, खुशी और प्रेम लाएगी। यह हमें आराम देगी और हमें आगे बढ़ने के लिए साहस देगी। वह ज्योति प्रभु की ज्योति है। अगर हम उस ज्योति को अपने जीवन में ले आएँ तो हम भी, कहानी में गुफा के जैसे, पाएँगे कि अब कोई अंधकार नहीं है।

अगर हम ध्यानाभ्यास में बैठें, तो हम ज्योति का अनुभव पा सकते हैं जो अन्तर में हमारा इंतजार कर रही है। हम विचारों के अंधकार से विचलित न हों, बल्कि शान्ति से बैठें और प्रेम से इंतजार करें कि प्रभु अपनी ज्योति को हम पर प्रकाशित करें।

□□

स्वयं देखो

42) सिद्धान्त बनाम अभ्यास

एक बार महान लेखक, मार्क ट्वेन एक व्यापारी से विचार-विमर्श कर रहे थे, जो दूसरों के साथ अपने लेन-देन में आक्रामक और बेरहम माना जाता था।

व्यापारी ने लेखक से कहा, “मरने से पहले मैं पवित्र स्थान की तीर्थ यात्रा करना चाहूँगा और सिनाई पर्वत की चोटी पर चढ़कर, ‘दस नियमों’ (ईसाई धर्म के) को जोर-जोर से पढ़ना चाहूँगा।”

मार्क ट्वेन ने तुरन्त उत्तर दिया, “मेरे पास इससे भी अच्छा विचार है। सिनाई पर्वत पर जाने की बजाय, जहाँ पर हजरत मूसा को ‘दस नियम’ दिए गए थे, तुम क्यों नहीं बॉस्टन में अपने घर पर ही रहो और दस नियमों को अपने जीवन में उतारो!”

इस विनोदशील टिप्पणी में एक गहरा अर्थ है। हममें से अनेक लोग धर्मग्रन्थों में सन्तों द्वारा दिये गए नियमों या आदेशों को पढ़ते हैं। हममें से बहुत से व्यक्ति खुश होकर धर्म पुस्तकों की बातों का उपदेश दूसरों को भी देते हैं। पर हममें से कितने अपने धर्म की शिक्षाओं पर चलते हैं?

नियमों और सिद्धान्तों को मात्र जानना और उन पर चलने में भारी फर्क है। यह पर्याप्त नहीं है कि हम पुस्तकों या धर्मग्रन्थों को पढ़कर सिद्धान्तों को जान लें; हमें उन्हें स्वयं अपने जीवन में ढालना होगा। अगर हम ध्यान टिकाने का तरीका और उसमें तरक्की करने के नियम जान लें तो वे पर्याप्त नहीं हैं; हमें स्वयं उनका अभ्यास करना होगा।

आध्यात्मिक शिक्षाओं का सच्चा सार अभ्यास में है। यह जानना पर्याप्त नहीं है कि दूसरों ने इसके बारे में क्या कहा है। यह आवश्यक है कि हम स्वयं अध्यात्म का निज अनुभव पाएँ। वह तब होगा, जब हम ध्यानाभ्यास में बैठेंगे।

उन्नति सही तरीके से मिलती है। बार-बार अभ्यास करके ही सही तरीका सीखा जाता है। अभ्यास करके इंसान निपुण होता है। अगर हम यह उम्मीद करें कि जीवन में एक-दो बार ध्यानाभ्यास करके हम आध्यात्मिक उन्नति पा लेंगे तो यह एक ख्याली पुलाव है। हमें प्रतिदिन अभ्यास करना है।

यह कहा गया है कि अगर हम प्रभु की ओर एक कदम उठाएँगे तो प्रभु

हमारी ओर सौ कदम उठा लेंगे। हम ध्यानाभ्यास में जो समय लगाएँगे, उसका हमें भरपूर ईनाम मिलेगा।

'दस नियमों' को मात्र पढ़ने की बजाय, हम उन्हें जीवन में ढालें। अगर हम अपना ध्यानाभ्यास करें और सदाचारी जीवन जियें; अहिंसा, सच्चाई, नम्रता, पवित्रता और निःस्वार्थ सेवा को धारण करें एवं सबके प्रति प्रेम रखें तो हमें आंतरिक नज़ारों का आशीर्वाद मिलेगा। हमें स्वयं अपनी आत्मा और प्रभु के अस्तित्व का प्रमाण प्राप्त हो जाएगा।

□□

मन और आत्मा

43) सबसे शक्तिशाली शत्रु

गुरु गोबिन्द सिंह जी के जमाने में एक महान ऋषि था जिसने सब कुछ त्याग दिया और ध्यान-साधना के लिए वह जंगल में चला गया। एक राजा भी था, जो अनेक अन्य राज्य और उनकी जनता को जीत चुका था। एक दिन, राजा ने ऋषि को भी हराने का इरादा बनाया ताकि वह भी उसके हुक्म पर चले। लोगों ने सोचा कि यह एक अजीब बात है कि राजा एक ऋषि को जीतना चाह रहा है जिसके पास कोई जायदाद नहीं, कोई राज्य नहीं। पर बात यह निकली कि ऋषि पहले राजा था जिसने आध्यात्मिक जीवन के लिए अपना राजपाट छोड़ दिया था। इस कारण वर्तमान राजा पर यह धुन सवार थी कि वह ऋषि को जीते। अतः राजा ने युद्ध के लिए अपनी पूरी सेना इकट्ठी कर ली।

सेना चलकर घने जंगल में पहुँची। सेना अंततः ऋषि तक पहुँच गई, जो कि जंगल में, गहन ध्यान-साधना में लीन था।

राजा ने इंतजार किया कि ऋषि ध्यान-साधना से उठे पर वह वहीं बैठा रहा। अन्त में, राजा बेचैन हो उठा और उसने ऋषि को जोर से हिलाकर, ध्याना-साधना से उठा दिया।

राजा चिल्लाया, "युद्ध के लिए तैयार हो जाओ। मैं तुमसे युद्ध करने आया हूँ।"

ऋषि ने वहाँ के दृश्य का शान्तिपूर्वक निरीक्षण किया। उसने विशाल सेना को देखा और कहा, "युद्ध! मैं अपने एक भयानक दुश्मन के कारण अपने सांसारिक जीवन से भाग आया। मैं इस दुश्मन के कारण जंगल में आकर छुप गया। जब मैं अपने इस दुश्मन का नाम सुनता हूँ तो मेरी रूह भय से काँपने लगती है। इस दुश्मन के बारे में सोचने मात्र से मेरा हृदय बैठने लगता है।"

राजा ध्यान से सुनता रहा, जब ऋषि ने अपने इस जानी दुश्मन का विवरण दिया। अन्त में राजा क्रोधित हो उठा और चीखने लगा, "क्या तुम्हारा दुश्मन मुझसे अधिक बलवान है?"

ऋषि ने उत्तर दिया, "इस दुश्मन के मात्र विचार से मेरी आत्मा ध्वस्त हो जाती है। इस दुश्मन से बचने के लिए मैंने अपना सब कुछ त्याग दिया।"

राजा ने कहा, "मुझे अपने इस दुश्मन का नाम बताओ।"

ऋषि बोला, "नाम बताने से कोई फायदा नहीं। तुम कभी भी उस पर विजय नहीं पा सकते हो।"

राजा ने उत्तर दिया, "अगर मैं उसे जीत नहीं पाऊँगा, तो अपने आप को मैं असफल मान लूँगा।"

तब ऋषि ने उसे बताया, "जिस भयानक दुश्मन की मैं बात कर रहा हूँ, वह है मन।"

उस दिन से, राजा ने मन को जीतने के लिए हर चीज़ आजमा कर देखी। उसने हर प्रकार की तकनीक इस्तेमाल की ताकि अपने मन को काबू में कर सके। वर्षों गुजर गए पर वह मन को नहीं जीत सका। अन्त में, राजा को यह मानना पड़ा कि वह असफल हो गया है और मन सचमुच में सबसे बलवान दुश्मन है।

मन शक्तिशाली है और हमारी आत्मा को अपने नियंत्रण में करने के लिए वह हर सम्भव तरीका अपनाएगा। अनेक ऋषि-मुनियों ने अपने मन को काबू करने की कोशिश की है पर वे असफल रहे हैं। अगर उन लोगों का यह हाल है जिन्होंने अपने मन पर विजय पाने के लिए संसार को छोड़ दिया तो हम जैसे लोगों का क्या परिणाम होगा जो संसार में डूबे पड़े हैं?

मन वह रुकावट है जिससे हमारी आत्मा को अवश्य निपटना पड़ेगा ताकि वह प्रभु तक वापिस जा सके। मन फुटबाल के गोलची जैसा है, जो गोल होने से बचाता है। वह हर सम्भव कोशिश करेगा ताकि फुटबॉल गोल में न चली जाए। अगर महान ऋषियों को भी मन को बस में करने में समस्या हुई, तो हम ऐसा कैसे कर सकते हैं?

सच्चाई यह है कि हम अपने आप मन पर विजय नहीं पा सकते। मन को जीतने का और इसे शान्त करने का एक ही तरीका है कि किसी ऐसे की मदद ली जाए जिसने अपने मन को जीत लिया है। ऐसी जाग्रत हस्ती हमें ऊभार देती है ताकि हम अपने अन्तर में दिव्य ज्योति और दिव्य आवाज से जुड़ सकें। दिव्य ज्योति और आवाज की मदद से हमारी आत्मा मन के क्षेत्र से ऊपर आ जाती है।

ऋषि को पता चला कि जंगल में रहकर, अकेले आध्यात्मिक साधनाएँ करने से मन काबू में नहीं आया। मन तब भी अनगिनत सांसारिक इच्छाओं के द्वारा उसे मोहित करता था।

मन जानता है कि आत्मा से जुड़कर वह शक्तिहीन हो जाएगा। अतः वह हर प्रकार के बहाने ढूँढेगा ताकि हमें ध्यानाभ्यास न करने दे। यह हमें बीती हुई

बात याद दिलाएगा। यह हमें भविष्य के बारे में सोचने को मजबूर कर देगा। यह हमें स्थिर बैठने के बजाय, हिलने-डुलने को प्रेरित करेगा। जब हम ध्यानाभ्यास में बैठने लगेंगे तो यह हमें उनींदा महसूस कराएगा। यह हमें भूखा महसूस कराएगा। यह हमें ईर्ष्यालु महसूस कराएगा। यह हमें उदास महसूस कराएगा। यह हमें ध्यानाभ्यास के बजाय, कोई अन्य कार्य करने को उकसाएगा। यह लाखों बहाने ढूँढ लेगा।

हम कैसे मन की ध्यान-भंग करने की इस प्रवृत्ति पर विजय पा सकते हैं। मन आदत पसन्द करता है। हमें अवश्य मन की इस प्रवृत्ति का प्रयोग करके अच्छी आदतें बनानी हैं। अगर हम मन को बताएँगे कि हमें प्रतिदिन एक ही समय और स्थान पर ध्यानाभ्यास के लिए बैठना है तो एक आदत बन जाएगी। जल्दी ही, हम उसी समय पर प्रतिदिन ध्यानाभ्यास में बैठने के लिए बाध्य हो जाएँगे। अगर किसी दिन हम ध्यानाभ्यास नहीं करेंगे, तो उस दिन हम एक कमी-सी महसूस करेंगे। जल्दी ही, हम ध्यानाभ्यास में नियमित हो जाएँगे।

जब हम दिव्य ज्योति और श्रुति में पूर्ण रूप से, एकाग्रता के साथ ध्यान टिकाना सीख जाएँगे, तो हम आनन्द, शान्ति और खुशी का अनुभव करेंगे। हम बार-बार ध्यानाभ्यास करना चाहेंगे क्योंकि हमें आश्चर्यजनक अनुभव होंगे।

□□

वैराग्य

44) अनासक्ति

एक दिन एक धनवान व्यक्ति भगवान बुद्ध के पास आया और बोला, "मैं देखता हूँ कि आप एक जाग्रत पुरुष हैं। मैं आपके पास कोई सलाह लेने आया हूँ।" भगवान बुद्ध ने उससे कहा कि वह उन्हें बताए, उसके मन में क्या है।

धनवान व्यक्ति बोला, "मेरी ज़िन्दगी मेरे कामकाज पर केन्द्रित है। हालाँकि मैंने बहुत पैसा कमाया है पर मुझे चिन्ताएँ सताती रहती हैं। मेरे लिए अनेक व्यक्ति कार्य करते हैं और मैं उनके लिए उत्तरदायी हूँ। अपनी सफलता के लिए वे मुझ पर निर्भर हैं। फिर भी, मुझे अपना पेशा पसन्द है और मुझे कड़ी मेहनत करना अच्छा लगता है। जब मैं आपके अनुयायियों से मिला तो उन्होंने मुझे एकान्ती जीवन की महत्ता की बात बताई। मैंने यह भी देखा कि आप स्वयं एक राजा के पुत्र हैं और वैभव और शान से रहे हैं पर आपने यह सब त्याग दिया और जाग्रति की खोज में आप बेघर एकान्ती होकर घूम रहे हैं। मैं जानना चाहता हूँ कि क्या मैं भी ऐसा ही करूँ और अपनी धन-सम्पत्ति छोड़ दूँ? मैं उचित कार्य करना चाहता हूँ और अपने लोगों के लिए एक वरदान बनना चाहता हूँ। क्या मुझे भी सब कुछ त्यागना है, मुझे सच-सच बताइए?"

करूणामयी बुद्ध ने कहा, "कोई भी सच को खोजने का आनन्द पा सकता है अगर वह निःस्वार्थ के रास्ते पर चलता रहे। अगर आप अपनी धन-दौलत के मोह में जकड़े रहोगे तो बेहतर होगा कि आप उसे त्याग दें, नहीं तो यह अपना हृदय मलीन कर देगी। पर अगर आप इससे मोह नहीं करते हैं बल्कि विवेक से इसका प्रयोग करते हैं तो आप लोगों के लिए एक वरदान होंगे। दौलत और सत्ता लोगों को गुलाम नहीं बनातीं बल्कि दौलत और सत्ता का मोह लोगों को गुलाम बनाता है।"

भगवान बुद्ध ने समझाया कि उनकी शिक्षाओं के लिए किसी को बेघर होने की या संसार को त्यागने की जरूरत नहीं है, जब तक कि व्यक्ति स्वयं ऐसा न चाहे। उन्होंने समझाया कि इसके लिए लोगों को इस भ्रम से मुक्त होना है कि यह शरीर और यह संसार स्थायी और सच्चे घर हैं। उन्होंने बताया कि उनकी शिक्षाओं के लिए लोगों को एक सदाचारी जीवन जीना है।

"पर", भगवान बुद्ध ने समझाया, "जो कुछ भी लोग करें, चाहे एक संसारी के जैसे या एक त्यागी के जैसे, उन्हें अपना पूरा दिल उसमें लगा देना चाहिए। लोग जो कुछ भी करें, वचनबद्ध होकर करें, पूरी शक्ति से करें। अगर उन्हें मुसीबतों का सामना करना पड़े, तो उन्हें बिना किसी घृणा या ईर्ष्या के ऐसा करना चाहिए। लोगों को अहंकार का नहीं बल्कि सत्य का जीवन जीना चाहिए और तब आनन्द उनकी आत्मा में भर जाएगा।"

हजारों वर्ष पहले बोले गए ये वचन आज भी उतने ही सार्थक हैं जितने कि उस समय थे। वैराग्य का अर्थ यह नहीं है कि हमें अपना घर, अपनी दौलत, अपना परिवार और जो कुछ हमने जीवन में पाया है, वह त्यागना होगा। सिर्फ आवश्यकता इस बात की है कि हम इन वस्तुओं से मोह नहीं करें। जीवन में हम अपने आप को जिस भी अवस्था में पाते हैं, वह हमारे कर्मों का फल है। कुछ धनवान पैदा होते हैं और कुछ निर्धन। कुछ जीवन में धन कमाते हैं और कुछ धन गँवा देते हैं। महत्त्वपूर्ण यह है कि हम अपनी बाहरी अवस्था से आसक्ति न रखें। अगर हम निर्धन हैं तो हम प्रभु को बुरा-भला न कहें और अगर धनवान हैं तो अहंकार न करें। हमारी बाहरी परिस्थिति एक कप के माफिक है जो हमें दिया गया है। उस परिस्थिति के अन्दर, हम अपने परिवार और समाज के प्रति अपनी जिम्मेदारियों का ख्याल रख सकते हैं। उसके लिए, हो सकता है, हमें कड़ी मेहनत करनी पड़े पर हम आसक्त न हों। हमारी आसक्ति प्रभु के साथ हो। हमारा ध्यान यह सुनिश्चत करने में हो कि हमारी आत्मा का मिलाप परमात्मा से हो जाए। ऐसा सम्भव है, चाहे हम अमीर हों या गरीब हों।

जिनको धन-दौलत का आशीर्वाद मिला है, उन्हें अपनी पारिवारिक जिम्मेदारियों को निभाकर और दूसरों के साथ बाँटकर, अपनी पूँजी का सर्वोत्तम उपयोग करना चाहिए। हमें हर वस्तु को त्यागने की जरूरत नहीं है। हम संसार में रहें और अच्छे से अच्छा करें पर हमारा ध्यान प्रभु को पाने पर केन्द्रित रहना चाहिए। हमारे दिलों में पवित्रता, निष्काम सेवा और दूसरों के साथ बाँटने का भाव विकसित होना चाहिए। हमें अपनी बाहरी परिस्थिति से मोह नहीं रखना है। हम आजीविका अर्जित करने के साथ-साथ, आध्यात्मिक तौर से भी विकसित हो सकते हैं। अगर हमें धन-दौलत का आशीर्वाद मिला है तो हमें उसे फेंकने की जरूरत नहीं है, बल्कि हम उससे दूसरों की मदद करें और क्योंकि हमारे पास अधिक खाली समय होगा, हम उसमें अधिक ध्यानाभ्यास और निष्काम सेवा करें।

कुंजी यह है कि हम संसार में रहें पर उसमें लिप्त न हों।

□□

कर्म

45) कर्म बनाम स्वेच्छा

कोई 300 ईस्वी पूर्व एक यूनानी दार्शनिक था, जिसका नाम था जेनो, जो एथेन्स शहर में रहता था। एक दिन दार्शनिक ने अपने एक गुलाम को चोरी करते पकड़ लिया। चोरी के लिए उसकी पिटाई करके, उसने उसे एक पाठ सिखाने का विचार किया।

गुलाम, जो खुद भी एक दार्शनिक जैसा था, ने कहा, "जेनो, तुम मुझे क्यों पीट रहे हो? यह मेरे भाग्य में लिखा था कि मुझे चोरी करनी चाहिए।"

दार्शनिक जेनो ने तुरन्त प्रतिक्रिया की, "और यह भी भाग्य में लिखा था कि चोरी के लिए मैं तुम्हारी पिटाई करूँ!"

इस कहानी में उन लोगों के लिए गहरा अर्थ है जो कर्मों के प्रश्न पर विचार करते रहते हैं। कई बार लोग कहते हैं कि उन्होंने कोई गलत काम अपने कर्मों के कारण किया है। वे कर्मों के विधान को स्वेच्छा (Free will) से उलझा देते हैं। संत बताते हैं कि इंसान के पास पच्चीस प्रतिशत स्वतंत्र इच्छा-शक्ति या स्वेच्छा है। जीवन में बाकी जो पचहत्तर प्रतिशत घटित होता है, वह पुराने कर्मों की प्रतिक्रिया स्वरूप है।

हमारे जीवन में कर्म सम्बन्धी घटनाएँ (भाग्य) वे हैं जो पुराने कर्मों की प्रतिक्रिया स्वरूप है। वे ऐसी प्रतिक्रियाएँ हैं जो हमारे साथ घटती हैं। हमारी ओर से भरसक सावधानी रखने के बाद भी, बिना किसी कारण या स्पष्टीकरण के, हम दुर्घटना के शिकार हो जाते हैं। हम आजीविका कमाने के लिए कड़ी मेहनत कर रहे हों पर अचानक, बिना किसी कारण के, हमें आर्थिक संकट आ जाता है। हम एक भले इंसान के जैसे ज़िन्दगी जी सकते हैं पर हमारे साथ कुछ बुरा हो जाता है। कर्मों का विधान इस विश्वास पर आधारित है कि हमारे जीवन में घटित ये घटनाएँ, जिनकी व्याख्या करना असम्भव प्रतीत होता है, हमारे पुराने कर्मों के फलस्वरूप हैं, जो कि हमने इस जन्म में किए हों या पुराने जन्मों में किए हों।

हो सकता है, हम किसी वस्तु के लिए कड़ी मेहनत नहीं कर रहे हों पर सौभाग्य से हम एक ईनाम जीत जाते हैं, अचानक से हमें धन मिल जाता है या हम किसी खास व्यक्ति से मिलते हैं जिससे हमें प्रेम हो जाता है और हम शादी

कर लेते हैं। अचानक, अप्रत्याशित रूप से हमारा भाग्य जाग उठता है। ये सब घटनाएँ, अच्छी या बुरी, जो बिना हमारी खास कोशिश के, हमारे साथ होती हैं, आमतौर से हमारे पुराने कर्मों का नतीजा हैं।

कुछ लोग गलत काम करने के लिए भाग्य का बहाना बनाते हैं पर जब यह निर्णय लेने की बात आती है कि किन्हीं परिस्थितियों में हम किस प्रकार का बर्ताव दिखाएँ, तो आमतौर से वह स्वेच्छा के अन्तर्गत आता है। यह भाग्य में पूर्व निर्धारित नहीं होता कि हम कानून को तोड़ें, किसी को चोट पहुँचाएँ या चोरी करें। वे ऐसे निर्णय हैं जो हम अपनी ज़िन्दगी में स्वयं लेते हैं। हम अपनी कमजोरी के लिए प्रभु या अपने भाग्य को दोष नहीं दे सकते। हम जीवन में एक खास व्यक्तित्व लेकर आ सकते हैं पर हम क्या करते हैं, वह हमारी स्वेच्छा पर निर्भर है।

जैसे जेनो और उसके गुलाम ने गलत काम करने के लिए भाग्य का बहाना बनाया, जब हम स्वयं ऐसा करते हैं, तो हमें उसकी प्रतिक्रिया अवश्य भुगतनी होगी। पहली गलती हो सकता है, स्वेच्छा से हुई हो पर उसका परिणाम कर्म फल है, जो हमें भुगतना है।

जब हम अपना जीवन जिएँ, तो हम "नेक बनो" के सिद्धान्त पर जी सकते हैं, जैसा संत कृपाल सिंह जी महाराज ने हमें कहा है। हम नेक कार्य करें या गलत करें, हमें स्वेच्छा से चुनाव करना है। हमें अपने कार्यों की जिम्मेवारी लेनी होगी। जो कुछ भी हम चुनें, हमें उसका ईनाम मिलेगा या दण्ड मिलेगा।

इस बात पर सोचते रहने की बजाय कि हमारा भाग्य क्या है और हमारी स्वेच्छा क्या है, हमें यह मानना चाहिए कि हमें चुनाव करना है और हम हमेशा नेक कार्य करने का फैसला करें, बुरा कार्य नहीं।

□□

आध्यात्मिक जीवन

46) सतयुग या कलियुग को चुनना

पुरातन भारत में, युधिष्ठर नाम के एक राजा थे। वे उस जमाने में आए थे जब आध्यात्मिक मूल्यों का बोलबाला था और लोग सद्गुणों से भरे थे। यह ऐसा समय था जब अध्यात्म को धन-दौलत से अधिक महत्त्वपूर्ण माना जाता था।

युधिष्ठर को अपने राज के अन्तिम दस वर्षों में लोगों में एक बदलाव दिखने लगा था। लोग ऐन्द्रिय-सुखों में लिप्त होने लगे थे और उन्होंने अपनी आत्मा की आवाज की सुनना बंद कर दिया था। उन्हें पता था कि कलियुग आने वाला है।

एक बार युधिष्ठर अपने दरबार में बैठे थे तो दो व्यक्ति उनके पास अपनी बात सुनाने आए। उनका आपस में कोई मतभेद था, जिसे खत्म करने के लिए वे राजा के पास आए थे।

एक व्यक्ति बोला, "मैंने इस इंसान से एक ज़मीन खरीदी थी और जब वह मुझे ज़मीन बेच चुका था, मैंने पाया कि इसमें एक खजाना गड़ा था। क्योंकि मैंने उससे सिर्फ ज़मीन खरीदी थी, मैं खजाना इसे वापिस देना चाहता हूँ क्योंकि यह मैंने इससे नहीं खरीदा था और यही इसका असली मालिक है।"

युधिष्ठर उस व्यक्ति की ईमानदारी से खुश हुए जिसने ज़मीन खरीदी थी क्योंकि उसने दूसरे व्यक्ति को खजाना मिलने की बात बताई और वह खज़ाने को वापिस भी देना चाहता था।

जिस व्यक्ति ने ज़मीन बेची थी, वह बोला, "यह सच है कि खजाना मेरा था पर जब मैंने ज़मीन इसे बेच दी तो यह ज़मीन का और जो कुछ इसके अन्दर है, उसका मालिक हो गया। इसलिए, मैं चाहूँगा कि खजाना यही रखे।"

जिस व्यक्ति ने ज़मीन खरीदी थी, वह बोला, "कृपया अपना खजाना वापिस ले लो। मैं अपने सर पर यह पाप नहीं लेना चाहता कि मैं वह चीज रख लूँ, जो वास्तव में मेरी नहीं है।"

बेचने वाला बोला, "देखो, मैंने तुम्हें ज़मीन के साथ-साथ वह भी दिया था, जो इसके अन्दर है। मैं यह खजाना स्वीकार नहीं कर सकता क्योंकि अब यह तुम्हारी जागीर है। कृपया मुझे ललचा के लोभ के गड्ढे में न गिराओ।"

युधिष्ठर इन दोनों व्यक्तियों के उच्च्य व्यवहार से बहुत प्रसन्न हुए।

उन व्यक्तियों ने कहा, "हम इस बात पर एक मत नहीं हैं कि क्या करें क्योंकि हम दोनों ही दूसरे व्यक्ति को खजाना देना चाह रहे हैं। हम इस बात पर कई दिनों से वाद-विवाद कर रहे हैं और अब हम चाहते हैं कि आप इस मामले का फैसला करें।

युधिष्ठकर ने परिस्थिति पर विचार किया और अपने आप से कहा, "ये दो व्यक्ति उत्कृष्ट व्यवहार दिखा रहे हैं। मुझे दिख रहा है कि कलियुग अभी नहीं आया है। मुझे इंतजार करके देखना चाहिए।"

युधिष्ठर ने उनसे कहा, "मैं चाहता हूँ कि आप दोनों एक सप्ताह बाद वापिस मेरे पास आएँ।" अतः वे दोनों चले गए।

एक सप्ताह बाद, दोनों वापिस आए। कोई चीज पूरी तरह बदल चुकी थी। इस बार जो मामला उन्होंने राजा के आगे पेश किया, वह बदला हुआ था। अब वे दोनों कह रहे थे कि खजाना उन्हें अपने पास रखना चाहिए।

विक्रेता बोला, "मैंने फैसला किया है कि खजाना मेरा है। मैंने ज़मीन बेची थी, खजाना नहीं।"

क्रेता बोला, "यह सही नहीं है। क्योंकि मैं ज़मीन खरीद चुका हूँ तो ज़मीन में जो कुछ भी है, मेरा है।"

युधिष्ठर ने देखा कि अब लालच उनकी नैतिकता पर हावी हो चुका है। युधिष्ठर को महसूस हुआ कि यह कलियुग की शुरुआत का लक्षण है।

अंत में युधिष्ठर ने एक व्यक्ति के बेटे का विवाह दूसरे की बेटी से करवाकर, ताकि खजाना परिवार में रहे, इस मामले को सुलझा दिया। पर वे जान चुके थे कि नैतिकता और अध्यात्म का युग खत्म हो चुका है।

चाहे हम एक युग में जी रहे हों या दूसरे में, हम इंसानों को यह चुनाव करना है कि हम कैसे जीना चाहते हैं। यह चुनाव हरेक अपनी रोजमर्रा की ज़िन्दगी में कर सकता है। प्रतिदिन हमें चयन करना है कि क्या हम कलियुग के लालच और आकर्षणों में फँस जाएँ या फिर हम सतयुग के आध्यात्मिक मूल्यों के अनुसार जियें। आध्यात्मिक जीवन जीने का अर्थ है कि हम ध्यानाभ्यास में नियमित रूप से समय दें ताकि हमारी आत्मा परमात्मा में वापिस मिल सके। इसका अर्थ है कि हम नैतिक रूप से व्यवहार करें। इसका अर्थ है कि हम बुराई पर अच्छाई को चुनें, हिंसा पर अहिंसा को, घृणा पर प्रेम को, लालच पर निःस्वार्थ को और झूठ पर सच को चुनें।

□□

47) समरुचि व्यक्तियों का साथ

आध्यात्मिक विकास के लिए महत्त्वपूर्ण है कि हमारी संगति कैसी है। कहा जाता है, "इंसान अपनी संगति से जाना जाता है।" अगर हम धनवान व्यक्तियों के साथ समय गुजारें, तो हम हर समय धन के बारे में सोचेंगे। अगर हम शराबी लोगों के साथ समय गुजारें, तो हम भी शराब पीने को ललचाएँगे। अगर हम जुआरियों के पास रहें, तो हम भी जुआ खेलना चाहेंगे। अगर हम उन लोगों के नजदीक रहें, जो झगड़ालू हैं तो हम स्वयं भी बहसबाजी में प्रवृत्त होंगे।

महान चीनी दार्शनिक, मेन्सीयस की ज़िन्दगी से एक किस्सा नीचे दिया गया है, जो इसी बात को स्पष्ट करता हैः

मेन्सीयस की माँ एक समझदार महिला थीं, जैसे कि माँएँ आमतौर से होती हैं। अपनी ज़िन्दगी में, उन्होंने अपने पुत्र, मेन्सीयस की खातिर अपना घर तीन बार बदला। सबसे पहले वे कब्रिस्तान के नजदीक रहते थे। एक दिन, उन्होंने देखा कि उनका पुत्र मातम मनाने वालों का अभिनय कर रहा है। बच्चा कब्रिस्तान में अन्त्येष्टि में शामिल व्यक्तियों को विलाप करते देखा करता था। क्योंकि बच्चे अति संवदेनशील होते हैं, वह अक्सर मातम मनाने वालों की नकल करता था। माँ को इसमें खतरा दिखाई दिया अतः उन्होंने अपना घर बदलने का निश्चय किया।

आगे, उन्होंने ऐसा स्थान चुना जहाँ बाजार और दुकानें थीं। कुछ समय बाद, उन्होंने पाया कि उनका पुत्र दुकानदार का अभिनय करने लगा। वह घर के सामान को ऐसे फैला देता, जैसे कि वह दुकान का मालिक हो। वह दूसरे व्यक्तियों से ऐसे बहस करता, जैसे कि उसने दुकानदारों को खरीदारों और दूसरे दुकानदारों से बहस करते देखा था। माँ को बच्चे पर इस संगति के असर से चिन्ता हुई, अतः उसने फिर से घर बदलने का फैसला किया।

इस बार, माँ ने एक विद्यालय के पास एक घर को चुना। जल्दी ही, उसने पाया कि मेन्सीयस विद्वानों की नकल करने लगा, विषयों पर खोजबीन करने लगा और उनके बारे में सीखने लगा। वह खुश हुई कि उसके पुत्र पर यह उचित असर था। वह बड़ा होकर चीन का एक महान विद्वान बना।

यह कहानी माँ के विवेक और बलिदान को दर्शाती है जिससे वह अपने

पुत्र को अपना सर्वोत्तम दे सकी। यह कहानी हमारी संगति के शक्तिशाली प्रभाव को भी दर्शाती है।

अगर हम एक कलाकार बनना चाहते हैं तो हमें कलाकारों की संगति में समय बिताना चाहिए। अगर हम एक चिकित्सक बनना चाहते हैं तो हमें चाहिए कि हम चिकित्सा-क्षेत्र में कार्यरत व्यक्तियों के साथ समय बिताएँ। अगर हम सद्‌गुण विकसित करना चाहते हैं तो हमें ऐसे लोगों के आस-पास रहना चाहिए जिनमें सद्‌गुण हैं। अगर हम आध्यात्मिक बनना चाहते हैं तो हमें आध्यात्मिक प्रवृत्ति के व्यक्तियों के साथ समय बिताना चाहिए।

हमारा जीवन अनमोल है। हम यहाँ साँसों की एक निर्धारित पूँजी लेकर आए हैं। उसी समय के अन्तर्गत, हमें अपने जीवन के लक्ष्य को पूरा करना है। हम आध्यात्मिक रूप से विकसित हो सकते हैं और दूसरों के मददगार हो सकते हैं। ऐसे लोगों के साथ समय बिताना, जो कि हमारी तवज्जोह को हमारे लक्ष्यों से अलग कर देते हैं, जीवन के साँसों की बर्बादी है।

हमें फैसला करना होगा कि हम जीवन में क्या चाहते हैं। एक बार यह फैसला कर लेने के बाद, हमें उस लक्ष्य की ओर जाने की कोशिश करनी चाहिए। समरुचि व्यक्तियों के साथ समय बिताने से, जिनका लक्ष्य वही है जो हमारा है, जीवन के लक्ष्य की ओर हमारे कदम तेज करने में मदद मिलेगी।

□□

प्रार्थना और ध्यानाभ्यास

48) प्रार्थना का सही उद्‌देश्य

अगर हमें प्रभु के साथ एक दिन बिताने का, और जो भी प्रार्थनाएँ प्रभु तक पहुँचती हैं, उन्हें सुनने का अवसर मिलता तो हम पाते कि उनमें से अधिकतर दो श्रेणियों में बाँटी जा सकती हैं। एक श्रेणी के व्यक्ति इसलिए प्रार्थना करते हैं क्योंकि उन्हें प्रभु से कुछ माँगना होता है। दूसरे श्रेणी के लोग किसी डर के कारण प्रभु से प्रार्थना करते हैं, वे चाहते हैं कि प्रभु उनके पुराने पापों के दंड से उन्हें बचा लें। महान सूफी संत, राबिया की ज़िन्दगी से नीचे दिया गया किस्सा प्रार्थना के प्रश्न का एक नया पक्ष दर्शाता है।

राबिया ने अनेक व्यक्तियों को पूजा-स्थलों पर, प्रार्थना के दौरान विभिन्न कर्मकाण्ड करते हुए देखा। उन्होंने पाया कि कुछ खास कृत्य करते हुए, वे कुछ खास शब्दों का उच्चारण करते हैं। उन्होंने अपने नजदीकी मित्रों को कहा, "मैंने देखा कि अधिकतर लोग प्रभु से कुछ न कुछ माँगने के लिए प्रार्थना करते हैं। वे प्रार्थना करते हैं ताकि वे स्वर्ग में ही जाएँ और नरक से बच जाएँ।"

उनके मित्रों ने पूछा, "तो प्रार्थना का सही उद्‌देश्य क्या है?

राबिया ने उत्तर दिया, "मेरे लिए, प्रार्थना एक साधन है प्रभु की मौजूदगी में पहुँचने का और उनसे घनिष्ठ सम्पर्क स्थापित करने का।"

इस प्रकार, उन्होंने प्रभु की खुशी पाने के लिए, कभी भी यान्त्रिक रूप से प्रार्थना दोहराने पर भरोसा नहीं किया। उनकी प्रार्थनाएँ स्वतः हृदय की पुकार होती थीं जिनमें वे प्रभु से मिलाप के लिए तड़पती थीं।

उनकी प्रार्थनाएँ उनकी आत्मा की सच्ची भावनाएँ दर्शाती थीं। उनकी आत्मा से निकली एक प्रार्थना थी, "हे प्रभु, इस संसार के जो भी इनाम और उपलब्धियाँ मेरे खाते में लिखी हैं, उन्हें कृपया आप अपने दुश्मनों को दे दीजिए, वे, जो प्रभु का नाम बदनाम करते हैं। स्वर्ग में जो भी इनाम आपने मुझे देने के लिए रखे हुए हैं, कृपया उन्हें आप अपने मित्रों या जो प्रभु से प्रेम करते हैं, उन्हें दे दीजिए। जहाँ तक मेरा प्रश्न है, हे प्रभु, मेरे लिए आप पर्याप्त हैं।"

राबिया सभी धर्मों के सन्तों द्वारा बताया गया सत्य अनुभव कर चुकी थीं।

उन्होंने प्रभु से इस संसार के उपहारों के लिए प्रार्थना नहीं की थी। उन्होंने इसलिए प्रार्थना नहीं की थी कि वे स्वर्ग में स्थान पा जाएँ। महानतम सन्त-महापुरुष प्रभु के प्रेमी थे और उन्होंने सिर्फ प्रभु के दिव्य दर्शनों और उनसे मिलाप के लिए प्रार्थना की थी।

यह ऐसा है जैसे आप दुनिया में किसी से प्रेम करते हों। जब दो व्यक्ति प्रेम करते हैं, तो वे एक-दूसरे के संग से सन्तुष्ट रहते हैं। जब कोई अवकाश होता है और एक दूसरे से पूछता है कि वह क्या खरीदना चाहता है या चाहती है तो आमतौर से उत्तर होता है, "कुछ नहीं, तुम मेरे लिए पर्याप्त हो।" प्रेम, किसी भी दुनियावी उपहार से कहीं अधिक संतुष्टि देता है। इसी प्रकार, जो प्रभु से प्रेम करते हैं, वे प्रभु के दिव्य परमानन्द से सन्तुष्ट हो जाते हैं। वे इस उत्साहवर्धक प्रेम में इतना खो जाते हैं कि उन्हें प्रभु से इस संसार की वस्तुओं को माँगने की जरूरत नहीं रहती है। उन्हें इस बात में रुचि नहीं रहती कि वे जड़ धन-दौलत, नाम-प्रसिद्धि, पदवी या सत्ता के लिए प्रभु से प्रार्थना करें। उनका ध्यान प्रभु से मिलाप करने पर एकाग्र रहता है।

संतों-महापुरुषों ने यह प्रार्थना भी नहीं की कि उन्हें नरक में न जाने दिया जाए और उनके लिए स्वर्ग में स्थान सुरक्षित रखा जाए। उन्होंने सिर्फ प्रभु से मिलाप करने पर ध्यान दिया। उनकी मनोवृत्ति होती है, "अगर प्रभु स्वर्ग में रहता है तो मैं भी वहीं जाना चाहूँगा। अगर प्रभु नरक में रहता है तो मैं भी वही पहुँचना चाहूँगा, अगर मुझे प्रभु का संग मिले।"

राबिया का दृष्टिकोण इतना ऊँचा था कि अगर उनको दुनियावी उपहार मिलने थे तो उन्होंने चाहा कि प्रभु उन उपहारों को, उनकी जगह, उन लोगों को दे दें जो प्रभु को बुरा-भला कहते हैं। क्यों? उनको पता था कि प्रभु से अच्छे उपहार पाकर वे लोग, जो प्रभु की ओर पीठ कर चुके हैं, प्रभु की ओर मुड़ेंगे और कृतज्ञ होंगे। वे अपने साथी इंसानों से इतना प्रेम करती थीं कि वे चाहती थीं कि वे सब प्रभु को जानें। अगर उनको उनके हिस्से के उपहार मिलने से प्रभु के प्रति उनमें प्रेम जाग्रत हो सकता था, तो राबिया उन्हें कुर्बान करने को तैयार थीं।

उन्होंने यह भी प्रार्थना की कि उन्हें परलोक के रास्ते में जो भी दूसरी दुनिया के उपहार मिलने थे, वे उनकी बजाय, उनको दे दिए जाएँ जो प्रभु का गुणगान करते हैं। उन्होंने महसूस किया कि प्रभु का गुणगान करने वाले पवित्र लोगों में से अधिकतर ऐसा इसलिए करते हैं, क्योंकि वे परलोक के उपहार चाहते हैं। इसलिए वे उन्हें अपना हिस्सा देना चाहती थीं क्योंकि वे स्वयं उस प्रकार के

उपहारों में रुचि नहीं रखती थीं। तो राबिया के लिए क्या बचा? वे सिर्फ प्रभु को चाहती थीं। प्रभु उनके लिए पर्याप्त थे।

अगर हमें प्रभु के साथ एक दिन बिताने का अवसर मिलता तो हम देखते कि कोई विरला एक-आध इंसान ही प्रभु से सिर्फ प्रभु के लिए प्रार्थना करता है। ऐसी प्रार्थनाएँ प्रभु का ध्यान आकर्षित करती हैं। प्रभु देने वाले हैं और अधिकतर इंसान प्रभु से उपहार चाहते हैं। प्रभु उनकी प्रार्थनाओं से प्रभावित होते हैं जो सिर्फ प्रभु को चाहते हैं। यही प्रार्थना का सही उद्‌देश्य है।

□□

49) प्रार्थना और कामकाज

जर्मनी की एक सुन्दर कहावत है, "प्रार्थना ऐसे करो जैसे कोई कार्य मददगार नहीं होगा और कार्य ऐसे करो जैसे कोई प्रार्थना मददगार नहीं होगी।"

कहावत का पहला हिस्सा कहता है कि हमें प्रार्थना ऐसे करनी चाहिए जैसे कि कोई कार्य मदद नहीं करेगा। ऐसी प्रार्थना में, हम अपना पूरा ध्यान प्रभु में लगाते हैं। हम सम्पूर्ण रूप से प्रार्थना में खो जाते हैं। यह ऐसा है जैसे कि हम स्वयं प्रार्थना बन गए हों। जब हम ऐसी तीव्रता और एकाग्रता से प्रार्थना करते हैं, तो प्रभु हमारी उपेक्षा नहीं कर सकते हैं।

एक माँ की कहानी है जो कि रसोई में भोजन बना रही थी। अचानक, दूसरे कमरे से उसके बच्चे की दिल को दहलाने वाली चीख सुनाई दी। माँ अपना सारा काम छोड़कर बच्चे को उठाने दौड़ी और उसे सांत्वना दी। कुछ दिन बाद, जब माँ खाना पका रही थी, बच्चे ने दूसरे कमरे में माँ को आवाज लगाई पर माँ ने उस पर ध्यान नहीं दिया। बच्चा बार-बार माँ-माँ पुकारता रहा पर माँ नहीं आई।

बच्चा धीरे-धीरे चलकर चुपचाप माँ के पास रसोई में आया और बोला, "माँ ऐसा कैसे है कि उस दिन मैंने तुझे सिर्फ एक बार पुकारा और तू दौड़ी-दौड़ी आई और आज मैंने तुम्हें बार-बार पुकारा, पर तुम नहीं आई?" माँ ने कहा, "उस दिन तेरी आवाज़ में दर्द था, पर आज मुझे पता था कि तू ऐसे ही मुझे पुकार रहा है।"

इसी प्रकार, प्रभु को पता होता है कि कब हमारी प्रार्थना सच्ची है। प्रभु को पता होता है कि कब हम वास्तव में उसके लिए तड़प रहे हैं। प्रभु को पता होता है कि हम कब दर्द में हैं और हमें कब सच में मदद चाहिए। पर अगर हम सिर्फ आधे मन से प्रार्थना करते हैं तो हो सकता है, प्रभु जवाब दें या न दें। इसलिए कहा गया है कि जब एक जिज्ञासु सच में प्रभु के लिए तड़पता है तो प्रभु उसे सुनता है और वापिस प्रभु तक जाने का मार्ग ढूँढने में उसकी मदद करता है।

एक अन्य कहावत है, "प्रभु चींटी के दिल से निकली पुकार को पहले सुनता है और हाथी की चिंघाड़ को बाद में।" यह कहावत हमें समझा रही है कि अगर हममें किसी वस्तु के लिए तीव्र चाहत है तो हम अपने पूरे हृदय, आत्मा और

मन से प्रार्थना करें, जैसे कि हमारे किसी भी कार्य से हम मन वांछित वस्तु नहीं पा सकते और हमारी प्रार्थना अवश्य फलीभूत होगी।

कहावत का दूसरा हिस्सा यह बताता है कि हम कार्य ऐसे करें, जैसे कोई भी प्रार्थना मददगार नहीं होगी। यह उन लोगों के लिए है जो प्रार्थना नहीं करते हैं पर जो कुछ पाना चाहते हैं, उसके लिए पूर्ण रूप से कोशिश करते हैं। अनेक व्यक्ति यह समझते हैं कि जो कुछ वे पाते हैं, वह उनकी अपनी कोशिश से है। वे प्रभु को याद नहीं करते हैं या मदद के लिए उसे पुकारते नहीं हैं। वे प्रभु के अस्तित्व को महसूस नहीं करते हैं और यह नहीं मानते हैं कि प्रभु एक ऐसी सत्ता है जो हमारी मदद कर सकती है।

सच्चे अध्यात्म में इन दोनों रुखों का समावेश है। हमें अपनी जिम्मेवारी को पूरी कोशिश से निभाना चाहिए और तब समय निकालकर, दूसरों की मदद करनी चाहिए। हमें कड़ी से कड़ी मेहनत करके, अपनी ड्यूटी पूरी करनी चाहिए, जैसे कि कोई भी प्रार्थना मददगार नहीं होगी। इसमें हम अपने परिवार, अपने समाज और संसार के प्रति सभी जिम्मेवारियों को पूरा करें। हम दूसरों के भी मददगार हों और उनकी सेवा करें। तब अपनी पूरी कोशिश कर लेने के बाद, अगर हम पाएँ कि हम सफल नहीं हुए तो हम पूरे दिल, आत्मा और मन से मदद के लिए प्रार्थना कर सकते हैं।

अध्यात्म सकारात्मक रहस्यवाद का रास्ता है। हम संसार में कुछ जिम्मेवारियाँ लेकर आते हैं। हमें अपने परिवार का पालन-पोषण करना है, हमें इस जीवन में कुछ भूमिका, कुछ कर्तव्य निभाने हैं और हम सबके अपने समाज के प्रति भी दायित्व हैं। हम इन सब कर्तव्यों से बचकर, पहाड़ की चोटी पर दिन-रात ध्यानाभ्यास करके, यह उम्मीद नहीं कर सकते कि प्रभु हमारा भरण-पोषण करेगा। हमें जीवन के दायित्वों को निभाते हुए, ध्यानाभ्यास में भी समय बिताना है। इस प्रकार, जब प्रभु देखेंगे कि हमने सर्वोत्तम प्रयास किया है, और तब, सब कोशिशें असफल होने पर, हम प्रभु की ओर मुड़ते हैं, तो प्रभु इस पर ध्यान देंगे। पर अगर हम चैन से बैठे रहें और यह उम्मीद करें कि प्रभु हमारे लिए सब कुछ कर देंगे, तो यह नहीं होगा।

यही बात हमारे ध्यानाभ्यास पर भी लागू होती है। हम यह नहीं सोचें कि अगर हम हर महीने दो महीने में एक बार मात्र कुछ मिनटों के लिए ध्यानाभ्यास करते हैं तो प्रभु हमें इनाम देंगे। बल्कि, हमें पूरी श्रद्धा से और सही प्रकार से जरूरी समय देना चाहिए। हमें नियम से, पूरी एकाग्रता से और उचित प्रकार से

ध्यानाभ्यास करना चाहिए। इस प्रकार, हम ऐसे कार्य करते हैं जैसे कि कोई भी प्रार्थना मददगार नहीं होगी। तब, अगर हमने अपना कर्तव्य निभा लिया है और फिर भी हमने वह नहीं पाया, जिसकी हमें चाहत है, तो हमें पूरे दिल, आत्मा और मन से प्रभु से मदद के लिए प्रार्थना करनी चाहिए। अगर हमारी तड़प सच्ची होगी, तो प्रभु उसे सुनेगा।

हमें अपने इन दोनों पक्षों पर नजर मारनी चाहिए। क्या हम अपनी ओर से पूरा प्रयास कर रहे हैं जैसे कि कोई भी प्रार्थना मददगार नहीं होगी? और ऐसा करने के बाद, क्या हम प्रभु से प्रार्थना करते हैं जैसे कि कोई भी कार्य मददगार नहीं होगा? अगर हम ये दोनों चीजें कर रहे हैं तो हम देखेंगे कि आगे की ओर हमारी उन्नति लगातार होती रहेगी और हमें प्रभु का आशीर्वाद प्राप्त होगा।

□□

50) हम प्रभु से क्या माँगें?

अगर हमें एक दिन इंसान द्वारा प्रभु से की गई लाखों प्रार्थनाओं को सुनने का अवसर मिलता, तो हम पाते कि वे अलग-अलग किस्म की होती हैं। कुछ लोग भौतिक दौलत, जायदाद या इस संसार की वस्तुओं के लिए प्रार्थना करते हैं। कुछ अपने लिए या अपने प्रियजनों के लिए अच्छे स्वास्थ्य या बिमारी से चमत्कारी मुक्ति के लिए प्रार्थना करते हैं। जो खतरे में हैं, वे अपने या अपने प्रियजनों के जीवन की सुरक्षा के लिए प्रार्थना करते हैं। कुछ नाम-प्रसिद्धि के लिए प्रार्थना करते हैं तो दूसरे सत्ता और पद के लिए। कुछ सफलता के लिए प्रार्थना करते हैं। कुछ प्रार्थना करते हैं कि उनके सम्बन्ध सुधर जाएँ। कुछ पति, पत्नी या पुत्र-पुत्री के लिए प्रार्थना करते हैं। हम अचम्भित हो सकते हैं कि क्या एक प्रकार की प्रार्थना दूसरी से बेहतर है। हम चकित हो सकते हैं कि प्रभु हमसे कौन सी प्रार्थना चाहते हैं। निम्नलिखित कहानी हमें इस प्रश्न का उत्तर पाने में मददगार हो सकती हैः

एक राजा था, उसकी कई रानियाँ थीं। एक बार उसको किसी जरूरी काम से अपने राज्य से बाहर जाना पड़ा। अतः उसने अपनी हर रानी से पूछा कि वह उसके लिए क्या लाए। एक ने उससे महँगे जवाहरात मँगवाए। दूसरी ने महँगे वस्त्रों की फरमाइश की, जिनपर सुन्दर कलाकारी की गई हो। तीसरी ने महल के लिए सजावट के सामान मँगवाए। चौथी ने अति उत्तम खाद्य पकवानों की माँग की, पाँचवी ने बनाव-शृंगार के सामान मँगवाए। अन्त में राजा ने सबसे छोटी रानी से पूछा कि वह उसके लिए क्या लाए। यह रानी राजा से सबसे ज्यादा प्रेम करती थी। उसने कहा कि उसे कोई भी उपहार नहीं चाहिए, पर उसने चाहा कि राजा जल्दी से जल्दी वापिस आ जाए। उसने राजा को बताया कि उनकी अनुपस्थिति में वह तन्हाई और तड़प महसूस करेगी।

राजा विदेश गया और वापिस आने से पहले, उसने सुनिश्चित कर लिया कि वह, वह हर वस्तु ले ले जो रानियों ने माँगी थी। एक पत्नी के लिए उसने महँगे जवाहरात खरीदे, दूसरी के लिए महँगे वस्त्र। उसने बाकी तीन रानियों के लिए अति उत्तम सजावट के सामान, पकवान और बनाव-शृंगार के सामान खरीद लिए। घर पहुँचने पर, उसने हर एक रानी के पास, उनके-उनके महल में उपहार पहुँचवा दिए।

पर वह स्वयं सबसे छोटी रानी के महल में पहुँच गया जो सिर्फ उसे चाहती थी। वह प्रसन्न था कि एक रानी थी, जो उसकी धन-दौलत में रुचि नहीं रखती थी बल्कि सिर्फ उसे चाहती थी।

रानी ने प्रभु का धन्यवाद किया कि उसका पति उसके पास सही-सलामत पहुँच गया और यह कहा कि उसे कुछ और नहीं चाहिए था। चाहे अन्य रानियों को वह सब मिल गया, जिसकी उन्होंने माँग की थी, पर उनमें से किसी को भी अपने पति की तवज्जोह प्राप्त करने का सौभाग्य नहीं मिला। जो भी धन दौलत उनके पास थी, वह प्रेम के बिना बेकार थी।

यह कहानी प्रभु से हमारे सम्बन्ध में हमारी अवस्था को दर्शाती है। अधिकतर व्यक्ति प्रभु से दुनिया की चीजें मागतें हैं जो कि नाशवान हैं। वे सभी एक या दूसरे प्रकार का उपहार चाहते हैं। सिर्फ प्रभु के सच्चे प्रेमी प्रभु से कुछ नहीं चाहते हैं, वे केवल प्रभु को चाहते हैं। वे धन-दौलत की परवाह नहीं करते हैं। वे नाम-प्रसिद्धि की परवाह नहीं करते हैं। वे इस संसार की किसी वस्तु की परवाह नहीं करते हैं। वे केवल प्रभु को चाहते हैं।

जब हम इस संसार के उपहार पाते हैं, तो हम सन्तुष्ट नहीं होते हैं। तब भी हम महसूस करते हैं कि जैसे किसी चीज़ की कमी है। सांसारिक उपहार किसी काम के नहीं, जब तक हमें प्रभु नहीं मिलें। एक बार प्रभु मिल जाएँ, तब हमें खुश रहने के लिए, किसी भी अन्य वस्तु की आवश्यकता नहीं है।

अगर हम ऐसी वस्तु के लिए प्रार्थना करना चाहते हैं जो प्रभु हमें देने के लिए लालायित हैं, तो हम प्रभु से प्रभु के लिए प्रार्थना करें। वह प्रार्थना सर्वोच्च है।

□□

धैर्य और क्षमा

51) दूसरों के प्रति धैर्य

अरब देश में एक भला इंसान रहता था जो प्रतिदिन सुबह नाश्ता तब तक नहीं करता था, जब तक कोई भूखा इंसान आकर, उसके साथ नाश्ता न कर ले। वह मानता था कि उसे अपना भोजन जरूरमंदों के साथ बाँटकर खाना चाहिए। एक दिन, एक बूढ़ा इंसान वहाँ आया। भले इंसान ने उसे देखा और उसे अपने साथ नाश्ते का निमंत्रण दे दिया।

बूढ़े इंसान ने उसका बहुत धन्यवाद किया। वह उसके साथ मेज पर बैठ गया। जब वे भोजन से पहले प्रार्थना करने लगे तो बूढ़ा इंसान अपने देवताओं (Pagan gods) से जोर-जोर से प्रार्थना करने लगा। इससे वह भला इंसान डर गया जो कि एक ही खुदा को मानता था। उसे लगा कि बूढा इंसान नास्तिक है और वह बहुत परेशान हो गया। उसने बूढे इंसान को आदेश दिया कि वह मेज से उठ जाए।

"अगर तुम काफिरों (Pagans) में विश्वास करते हो तो मैं तुम्हें अपने घर में नहीं देखना चाहता।" उसने बूढे इंसान से कहा और बूढ़ा वहाँ से तेजी से बाहर चला गया।

जब वह भला इंसान वापिस मेज पर आया तो उसे प्रभु की आवाज सुनाई दी। प्रभु बोले, "तुम्हें क्या अधिकार है, उस इंसान को यहाँ से भगाने का?"

भला इंसान बोला, "वह आप में विश्वास नहीं करता है।"

प्रभु बोले, "इधर देखो! मुझे पता है कि वह मुझमें विश्वास नहीं करता है। पर मैं उस नास्तिक को पिछले अस्सी वर्षों से प्रतिदिन भोजन दिलवा रहा हूँ, चाहे वह मुझमें विश्वास नहीं करता है। क्या तुम उसको एक भोजन के लिए भी सहन नहीं कर सकते हो?"

यह किस्सा एक प्रभावशाली सन्देश देता है। हम कभी-कभी अपने विश्वासों और अपनी अच्छाइयों को ही सही मानते हैं और दूसरों को नीचा समझने लगते हैं। कभी-कभी हम दूसरों को ठीक से नहीं समझते और उनको उनकी गलतियों के साथ बरदाश्त नहीं करते। पर अगर हम इस कहानी के बारे में सोचें, हम अनुभव करेंगे कि चाहे कोई कितना भी खराब हो, प्रभु उसे जीने के लिए हर

जरूरी चीज दिलवाते हैं और प्रभु हर प्रकार के व्यक्तियों को बरदाश्त करते हैं। ऐसे व्यक्ति भी हैं जो दूसरों को चोट पहुँचाते हैं, उन्हें खत्म तक कर देते हैं। ऐसे व्यक्ति भी हैं जो चोरी करते हैं और जो स्वार्थी होते हैं। अनेक दोषों से भरे अनेक व्यक्ति इस पृथ्वी पर रहते हैं। ऐसे लोग भी हैं जो आस्तिक हैं और ऐसे भी हैं जो नास्तिक हैं। पर, प्रभु हर एक को जीवन देते हैं। प्रभु हर एक को भोजन और पानी देते हैं। प्रभु हर एक को धूप और हवा देते हैं। अगर प्रभु हर प्रकार के व्यक्तियों का उनके सभी दोषों के बावजूद, भरण-पोषण करते हैं, तो अवश्य हममें से हर एक ऐसा कर सकता है।

अध्यात्म के मार्ग पर भी, कई समझते हैं कि वे ही धर्म परायण हैं। कुछ व्यक्ति उन दूसरे व्यक्तियों की आलोचना करते हैं जो उतना ध्यानाभ्यास नहीं करते जितना वे करते हैं, उतनी सेवा नहीं करते जितनी वे करते हैं, या सदाचार पर उतना नहीं चलते जितना वे चलते हैं। कभी-कभी लोग दूसरों की गलतियों को हर एक को बताने लगते हैं। पर क्या कभी हमने अपने आप का विश्लेषण किया है? क्या यह हमारा कर्तव्य है कि हम दूसरों के सुधारक बनें? बल्कि हम दूसरों के दोषों के प्रति सहनशील बनें। प्रभु हर एक के दोष जानते हैं। प्रभु हमारा हर कार्य देखते हैं और दूसरों के भी सभी कार्य देखते हैं। अगर प्रभु दूसरों के दोषों को बरदाश्त करते हैं, तो हम ऐसा क्यों नहीं कर सकते?

इस कहानी का सन्देश यह है कि हमें सभी के प्रति दयालु और प्रेममयी होना चाहिए। हमें उन का आदर करना चाहिए, उन्हें सहन करना चाहिए जिनके विश्वास और रीति-रिवाज हमसे अलग हैं। हमें उन लोगों के प्रति भी सहनशील होना चाहिए जो, हमें लगता है, प्रभु में विश्वास नहीं करते या जो प्रभु में वैसे विश्वास नहीं करते, जैसे कि हम करते हैं। प्रभु ने यह संसार बनाया है जिसमें विभिन्न धर्मों को मानने वाले इंसान रहते हैं पर वह सबका भरण-पोषण करता है। आओ, हम एक सबक सीखें और यह ध्यान दें कि जब हम इस संसार के राजमार्ग पर चलें तो हम दूसरों के प्रति सहनशील रहें।

अगर हम दूसरों के प्रति सहनशील बन सकें तो हम प्रभु के सच्चे बच्चों के जैसे व्यवहार करेंगे। प्रभु प्रेम है और जब हम दूसरों के लिए सहनशीलता दर्शाते हैं, तो हम भी प्रेम से भर जाते हैं और प्रभु की खुशी पाते हैं।

□□

जाग्रत जीवन

52) जाग्रत जीवन

महान यूनानी दार्शनिक, सुकरात ने एक बार कहा था, "हमारी प्रार्थनाएँ सामान्य आशीर्वाद पाने के लिए होनी चाहिएँ, क्योंकि प्रभु को सबसे ज्यादा पता है कि हमारे लिए क्या ठीक है।" यह कथन उस प्रार्थना जैसा है जिसमें हम प्रभु से कहते हैं कि जो हमारे लिए ठीक हो, वे हमें दें।

बारम्बार, जब हम प्रभु से कुछ माँगते हैं जो कि हमें मिलता नहीं है, ऐसा आमतौर से इसलिए होता है क्योंकि हम कुछ ऐसा माँग रहे होते हैं जो कि अन्त में हमारे लिए ठीक नहीं होता है। ऐसा कई बार होता है कि हम किसी वस्तु के लिए कोशिश करते रहते हैं और हार नहीं मानते हैं। कभी-कभी हमें पाठ सीखने को मिलता है, क्योंकि हमें वह वस्तु मिल तो जाती है पर हम पाते हैं वह हमारे लिए उत्तम नहीं थी। कभी-कभी हम किसी चीज के लिए भरसक कोशिश करते हैं, फिर सोचते हैं कि हमें आराम से इंतजार करना चाहिए था, जो सर्वोत्तम होता, वह प्रभु हमें दे देते।

ऐसे अनेक उदाहरण हैं जब लोगों ने प्रभु से किसी चीज के लिए प्रार्थना की और प्रभु ने उनकी इच्छा पूरी नहीं की। बाद में उन्होंने पाया कि अगर इच्छा पूरी होती तो वह सही नहीं होता। क्या माँ बच्चे को कभी जहर खाने देगी? बच्चा उसके लिए रो सकता है और हाथ-पैर पटक सकता है, पर अगर वह ज़हर है तो माँ वह उसे नहीं देगी। बल्कि माँ बच्चे को वह देगी, जो उसके लिए उत्तम होगा। हो सकता है, बच्चा उस समय नहीं समझे पर जैसे बच्चा बड़ा होगा और समझेगा, बच्चा उन सब चीजों के लिए कृतज्ञ रहेगा जो माँ ने उसे मना कर दी थीं और जो अंततः ठीक नहीं थीं।

कई व्यक्ति चुनाव करने में विचलित हो जाते हैं। कुछ ऐसे खेल होते हैं जिनमें किसी को वह उठाना होता है जो बायें हाथ में है या दायें हाथ में है या एक नम्बर या दो नम्बर दरवाजे के पीछे है। गलत चुनाव करने के बारे में काफी तनाव हो जाता है। हम सही चुनाव कैसे कर सकते हैं? सही चुनाव करने का पक्का तरीका यह है कि हम प्रभु से प्रार्थना करें कि जो हमारे लिए ठीक हो, वह वे हमें दें। प्रभु कोई गलती नहीं करते हैं।

ऐसी वस्तु के लिए प्रार्थना करने की बजाय, जो हमारे लिए उत्तम हो या न हो, आओ, हम अपने लिए प्रभु-इच्छा की प्रार्थना करें। हम कितनी बार देख चुके हैं कि जब हमने अपना भाग्य प्रभु-इच्छा पर छोड़ा तो चीज़ें सर्वोत्तम हुईं? प्रभु में हमारा विश्वास पक्का होने के लिए इस प्रक्रिया को कितनी बार घटित होना पड़ेगा?

प्रभु चाहते हैं कि हम निजघर वापिस पहुँचें। प्रभु चाहते हैं कि हम रूहानी मंडलों में शाश्वत शान्ति और आनन्द में रहें। जब हम प्रभु तक वापिस जाने का फैसला करते है, तब प्रभु हमारे लिए सारे दरवाजे खोल देते हैं। तब, अगर हम प्रभु से प्रार्थना करते हैं कि जो हमारे लिए उत्तम हो, वह हमें दें, तो प्रभु हमें शाश्वत घर जाने वाले सबसे तेज रास्ते पर डाल देंगे। यह हम ही हैं जो शाश्वत घर पहुँचने में बाधा डालते हैं क्योंकि हम उन चीजों के लिए प्रार्थना करते हैं जो हमें विपरीत या दूसरी दिशाओं में ले जाती हैं।

जाग्रत जीवन के लिए आध्यात्मिक मोती क्या हैं? अगर हम प्रभु-इच्छा में आराम करें और तनाव-रहित हो जाएँ तो हम पाएँगे कि समय के साथ हर चीज का परिणाम सर्वोत्तम होगा। ध्यानाभ्यास प्रभु-इच्छा में विश्राम करने की प्रक्रिया है। ध्यानाभ्यास वह समय है जब हम हर प्रकार की छीना-झपटी की प्रवृत्ति से और इस या उस चीज के लिए प्रार्थना करने से मुक्ति पा सकते हैं। यह वह समय है जब हम स्थिरता की अवस्था में बैठते हैं और प्रभु-इच्छा को समर्पित हो जाते हैं। यह अवसर है, हर प्रकार की इच्छाओं से मुक्ति पाने का। हम ग्रहणशील अवस्था में मात्र बैठ जाते हैं और प्रभु से वह माँगते हैं, जो हमारे लिए सर्वोत्तम है। हम पाएँगे कि प्रभु हमें उतना देंगे जितने कि हमने कल्पना भी नहीं की होगी। यह जाग्रत जीवन का रहस्य है।

ध्यानाभ्यास के द्वारा, हम जाग्रत जीवन के लिए आध्यात्मिक मोतियों का खज़ाना पा जाएँगे, जिससे हमें शान्ति, खुशी और आनन्द मिलेगा।

□□

लेखक का संक्षिप्त जीवन परिचय

संत राजिन्दर सिंह जी महाराज विश्वभर के एक मान्यता प्राप्त आध्यात्मिक गुरु हैं। आप लाभ-निरपेक्ष अंतर्राष्ट्रीय संस्था, 'Science of Spirituality'/'सावन कृपाल रूहानी मिशन' के प्रमुख हैं। यह संस्था रूहानियत, शान्ति एवं मानव सेवा के प्रति समर्पित है और विश्व के 43 देशों में इसके 1600 से अधिक केन्द्र स्थापित हैं।

महाराज जी ने सेमिनार (परिसंवाद), ध्यान-शिविर, टेलीविजन, रेडियो, पुस्तकों और पत्रिकाओं आदि के द्वारा ध्यान-साधना की अपनी सरल एवं शक्तिशाली प्रणाली को विश्व के करोड़ों लोगों तक पहुँचाया है। बाहरी और आंतरिक शान्ति पाने की आपकी इस प्रणाली को विश्व के राजनैतिक, धार्मिक और आध्यात्मिक नेताओं सहित, सभी ने स्वीकारा है।

आपकी साहित्यिक रचनायें विश्व की 50 से अधिक भाषाओं में अनुवादित हो चुकी हैं, जिनमें 'दिव्य सूत्र', 'आत्म-शक्ति', 'आत्मिक शान्ति की खोज', 'आधुनिक युग में अध्यात्म', 'सच्चा सुख', 'दिव्य चिंगारी' आदि शामिल हैं। आपके अनेकों लेख नियमित रूप से विश्व भर के समाचार पत्रों और पत्रिकाओं में छपते रहते हैं। आप के प्रवचन पूरे विश्व में टेलीविजन, रेडियो और इंटरनेट प्रणाली के जरिये प्रसारित होते रहते हैं।

संत राजिन्दर सिंह जी महाराज "मानव एकता सम्मेलन" एवं "विश्व धर्म संघ" संस्थाओं के अध्यक्ष हैं। आप शिकागो में 1993 में हुए "विश्व धर्म संसद" तथा रोम, इटली में 1994 में हुए "विश्व धर्म और शान्ति सम्मलेन" में एक मुख्य वक्ता थे। आपने विश्व शान्ति और एकता के लिए कई धार्मिक सभाओं एवं अनेक अंतर्राष्ट्रीय मानव एकता सम्मेलनों का आयोजन किया है।

महाराज जी को अनेक पुरस्कारों से सम्मानित किया गया है : 1997 में न्यूयॉर्क के 'सर्व-धर्म केन्द्र' (Interfaith Center of New York) व 'सद्भाव देवालय' (Temple of Understanding) ने आपको शान्ति पुरस्कार प्रदान किया। संयुक्त राज्य अमरीका के बाल्टीमोर राज्य में एक दिन 'संत राजिन्दर सिंह दिवस' के नाम से भी मनाया गया। संयुक्त राष्ट्र की 50वीं वर्षगाँठ, जोकि न्यूयॉर्क में मनाई गई थी, पर महाराज जी ने हजारों लोगों को ध्यान पर बिठाया। आपने एक सभा में 'संयुक्त राष्ट्र' (United Nations) के महासचिव (Secretary General) के सम्मान में प्रार्थना

आयोजित की। फरवरी 1997 में आपको 'राष्ट्रीय प्रार्थना भोज' (National Prayer Breakfast) में विशेष रूप से आमंत्रित किया गया, जो अमरीका के राष्ट्रपति क्लिंटन की अध्यक्षता में दिया गया था। आपने संयुक्त राष्ट्र की जनरल असेम्बली (General Assembly) में धार्मिक तथा आध्यात्मिक नेताओं की सहस्राब्दि शान्ति गोष्ठी के उद्घाटन समारोह में भी व्याख्यान दिया। इलिनोय तकनीकि संस्थान (Illinois Institute of Technology) ने संत राजिन्दर सिंह जी महाराज को शान्ति और शिक्षा के क्षेत्रों में किए गए उनके प्रयासों के लिए 'प्रतिष्ठित नेतृत्व पुरस्कार' (Distinguished Leadership Award) के लिए चुना। 2004 में दक्षिण अमेरिका के दो विश्व विद्यालयों ने महाराज जी को शान्ति, शिक्षा और अध्यात्म के क्षेत्र में किए गए प्रयासों के लिए डॉक्टरेट की उपाधि प्रदान की।

मानवता की सेवा के लिए आप हमेशा तत्पर रहते हैं। आपके मिशन में नियमित रूप से मुफ़्त ऐलोपैथिक, होम्योपैथिक व आयुर्वेदिक औषधालय कार्य करते रहते हैं व समय-समय पर निःशुल्क चिकित्सा शिविर लगते हैं। मिशन द्वारा समय-समय पर घटित प्राकृतिक विपदाओं-जैसे कि कोलम्बिया में आए ज्वालामुखी, मैक्सिको में आए भूचाल, दिल्ली में आई बाढ़ और फ़्लोरिडा में आए चक्रवात-में फँसे लोगों की सहायता की जाती है। गुजरात में आए भूचाल के दौरान जब कई शहर क्षतिग्रस्त हो गए, तो मिशन द्वारा वहाँ एक गाँव भी बसाया गया, जिसमें कई घर, स्कूल, मेडिटेशन हॉल व सामुदायिक भवन बनाए गए। हाल ही में एशिया में आए सूनामी महाप्रकोप के लिए मिशन ने 65,000 डॉलर की राशि एकत्र की।

महाराज जी ने अपनी शिक्षा विज्ञान एवं तकनीकि में प्राप्त की है। आपने प्रसिद्ध प्रौद्योगिकी संस्थान, आई.आई.टी., मद्रास (Indian Institute of Technology Madras) से विद्युत प्रौद्योगिकी क्षेत्र (Electrical Engg.) में बी.टेक (B.Tech.) तथा आई.आई.टी., शिकागो (Illinois Institute of Technology Chichago) से मास्टर ऑफ साइंस (M.S.) की डिग्री प्राप्त की। आपने आगामी 20 वर्षों तक इलेक्ट्रॉनिकी, दूरसंचार व कम्प्यूटर को अपना कार्यक्षेत्र बनाया और कई उपकरणों में महत्त्वपूर्ण नवीनीकरण किया। विज्ञान, दूरसंचार व कम्प्यूटर क्षेत्र में आपका योगदान होने के कारण आपने अध्यात्म को वैज्ञानिक दृष्टिकोण से प्रस्तुत किया है। महाराज जी ने आध्यात्मिक विज्ञान और ध्यानाभ्यास समस्त विश्व के लिए सरल बना दिया है, ताकि लोग इसे समझ सकें और स्वयं इसका अभ्यास कर सकें।

□□

सावन कृपाल पब्लिकेशन्स स्पिरिचुअल सोसायटी की पुस्तकें व साहित्य

संत कृपाल सिंह जी द्वारा लिखित पुस्तकें

1. संक्षिप्त जीवन चरित्र हुज़ूर बाबा सावन सिंह जी
2. इंसान, अपने आपको जान
3. जीवन चरित्र परम संत बाबा जयमल सिंह जी
4. दिल से दिल की बात (तीन भाग)
5. प्रार्थना - क्यों और कैसे करें
6. नाम या वर्ड (दो भाग)
7. जाग-जाग उठ जाग रे
8. रामायण में संत-मत
9. संपूर्ण गुरु की खोज
10. गुरु शक्ति - ईश्वरीय शक्ति
11. जीवन की पड़ताल
12. सच्चा जन्मदिवस मनाना क्या है?
13. जीवन चक्र - कर्म और फल का नियम
14. योग: एक तुलनात्मक अध्ययन
15. प्रेम और भक्ति (प्रात:कालीन प्रवचन)
16. त्यौहारों का महत्त्व
17. जीवन का अमृत (दो भाग)
18. अध्यात्म विद्या-एक परिचय
19. बैसाखी का त्यौहार
20. दीपावली
21. संतों की होली
22. Jap Ji
23. Mystery of Death
24. The Night is a Jungle & Other Discourses

संत कृपाल सिंह जी के बारे में पुस्तकें

1. पिता-पूत
2. संत कृपाल सिंह जी महाराज का मिशन
3. कृपाल सिंह : एक संत की जीवन गाथा
4. दया के महासागर (दो भाग)
5. बाल सत्संग कथाएँ
6. जीवन चरित्र संत कृपाल सिंह जी
7. जीवन परिचय संत कृपाल सिंह जी (comic)
8. The Teachings of Kirpal Singh
9. The Spiritual Path
10. Portrait of Perfection

संत दर्शन सिंह जी द्वारा लिखित पुस्तकें

1. तलाशे-नूर (उर्दू काव्य संग्रह)
2. मंज़िले-नूर (उर्दू काव्य संग्रह) साहित्य अकादमी, लखनऊ द्वारा पुरस्कृत
3. मताए-नूर (उर्दू काव्य संग्रह) साहित्य अकादमी, दिल्ली, लखनऊ तथा पंजाब द्वारा पुरस्कृत
4. जादये-नूर (उर्दू काव्य संग्रह)
5. मौजे-नूर (उर्दू काव्य संग्रह)
6. इश्क़ मिला क़दम क़दम
7. रहस्यों का रहस्य (दो भाग)
8. आध्यात्मिक जागृति (दो भाग)
9. अमृत प्रवाह (दो भाग)
10. अंतरीय अंतरिक्ष के अचरज
11. एक आँसू एक सितारा
12. चुनौती अंतरीय अंतरिक्ष की
13. संत-मत
14. जीवन में शाकाहार का महत्त्व
15. परमात्मा का साक्षात्कार
16. आत्म ऊर्जा
17. अनन्त प्रेम (भाग-1)
18. क्राईस्ट का महत्त्व
19. रुहानी ग़ज़लें
20. विधार्थी जीवन
21. आदर्श परिवार
22. व्यावहारिक अध्यात्म
23. अव्वल अल्लाह
24. स्थायी बीमा
25. रक्षा बंधन-जन्माष्टमी
26. दीपावली-करवा चौथ
27. Cry of the Soul
28. How to derive maximum benefit at the feet of the Master?

संत दर्शन सिंह जी के बारे में पुस्तकें

1. विश्व शांति के दो दूत
2. संक्षिप्त जीवन चरित्र
3. अनन्त प्रेम (भाग-2)
4. Seeing is Above All

संत राजिन्दर सिंह जी द्वारा लिखित पुस्तकें

1. आत्मिक शांति की खोज
2. आत्म शक्ति
3. नाम से मुक्ति
4. आत्मानुभव
5. सच्चा सुख
6. आधुनिक युग में अध्यात्म
7. पर्यावरण आत्मा का
8. शिक्षा : शांतिपूर्ण विश्व के लिए
9. आगामी युग का स्वप्न
10. रुहानी प्यास
11. रुह की पुकार
12. रुहानी ख़ज़ाना
13. रुहानियत का सार
14. निगाहे-मस्ते-साक़ी
15. सलाम ऐ पीरे-मैख़ाना
16. वो पैकरे-बहार थे
17. सच्चा रसायन
18. दिव्य सूत्र
19. दिव्य चिंगारी
20. आध्यात्मिक मोती
21. Echoes of the Divine

संत राजिन्दर सिंह जी के बारे में पुस्तकें

1. संक्षिप्त जीवन चरित्र
2. दया के फूल
3. Spreading Divine Love
4. Illumine Every Heart

संतों की वाणी श्रृंखला

1. बाबा फ़रीद
2. संत सूरदास
3. संत नामदेव
4. संत धर्मदास
5. संत रविदास
6. भक्त मीरा बाई
7. दादू देखा दीदा
8. पाँच रत्न हैं सार
9. संत दरिया साहब
10. संत पलटू साहिब
11. भक्त दयाबाई एवं भक्त सहजोबाई
12. संत चरणदास

अन्य पुस्तकें

1. अपार दिव्य प्रेम
   (चार संतों के साथ मेरा जीवन)-हरभजन कौर
2. बीसवीं शताब्दी में संत-मत
3. अनमोल रत्न (दो भाग)
4. Classic & Creations
5. Vegetarian Creations
6. Science of Spirituality
7. Greek Vegetarian Cook Book

ये सभी पुस्तकें और मासिक पत्रिका 'सतसंदेश' प्राप्त करने हेतु निम्नलिखित पते पर संपर्क करें :

सावन कृपाल पब्लिकेशन्स स्पिरिचुअल सोसायटी

कृपाल आश्रम, संत कृपाल सिंह मार्ग, विजय नगर, दिल्ली-110009

दूरभाष: 011 27117100

Web site : www.sos.org

E-mail : skrm@sos.org